Wherever there is great

cycling, they are there, with a

third eye that's their camera, shooting photos with

the sensitivity of one who loves the sport of cycling and who

understand the inside secrets of the sport. Graham Watson and Roberto

Bettini are among the most popular photographers on the international cycling

circuit. And they are also good friends. Once their work finishes at the Tour de

France or at the World Cup Classics, often at the end of a long, tough day, they often

find themselves together in front of a beer or a glass of good red wine. And all the

top riders know them and appreciate their professionalism. So from the meetings of

these two friends comes the photographic memory of cycling and thus, the book

of the year in cycling is born. Thanks to the hundred of splendid images,

the story of the great moments of the season is told. It's a unique

documentation that shows what happened in the

world of two wheels.

Graham Watson - Roberto Bettini

This book is the true reference for anyone who is passionate about cycling, the book that's dedicated to the season that just finished brings it back again to allow us to re-live the most beautiful moments during the long and excellent racing season. Roberto Bettini and Graham Watson, two photographers whos' lenses have allowed us to follow the racing and roads of great cycling have succeded once again to outdo themselves. In fact, their images are so extrordinarily authentic that each shot becomes an precious fragment of the voyage we've travelled together this season from January to October. As every year, the International Cycling Union is proud to have been able to collaborate in the creation of this work of art that won't disappoint those who've been waiting for it with impatience to add to a now rich ten-year collection of volumes. A special thanks to Roberto and Graham, who with their profesionalism and commitment contribute to the ever increasing success of our sport.

Hein Verbruggen
President UCI

Paolo Bettini

It's been (once again) the year of Lance Armstrong and his record on the Tour. (a fifth consecutive Yellow Jersey). It was also the year of Paolo "Cricket" Bettini and his record World Cup (three race wins and a repeat Cup victory). It's really been the year of Alessandro Petacchi and his sprint win record at the Giro (6), Tour (4) and Vuelta (5).

And what about the comeback of Ullrich? And the back to back wins on the pave' Van Petegem? And Igor Astarloa, the other spanish rider who grabbed it all at the World Championship? And Bartoli, who scored big in Lombardia?

There are plenty of faces to remember from 2003. But we have to ask which face is that of cycling, because the real winner this season is the sport of cycling itself, which seems to have found a way out from the poisonous fog of the last few years. And it's not that the fight against doping and trickery is won. Not by a long shot and we can't lower our guard for a moment.

It was a beautiful season, even on a tecnical level, perhaps because there was no real boss at the Tour, with the stupendous challenge between Armstrong and Ullrich. Lance won again, for the fifth time in a row, equalling Anquetil, Merckx, Hinault and Indurain in the exclusive 5x5 club. But Lance's German adversary showed he may be able to beat him. Inside the magic box that's the Tour, there is also the stoic adventure of Tyler Hamilton, already the hero of Liege-Bastogne- Liege, as well as the confermation of Alexander Vinokourov.

At the Giro d'Italia we had a good time with the second win of Gilberto Simoni after a tough fight with Stefano Garzelli. Cipollini, during his disapointing season with the Rainbow Jersey found a way to win two stages of the Giro and establish a new stage win record: 42 career Giro stages! Even the mythical Alfredo Binda had been caught and passed. Speaking of the Giro: we also saw a more than respectable comeback by Pantani. Too bad that the path of his comback has been interupted again.

At the Vuelta, youngster Nozal emerged, but in the end, experience paid off and made the difference for

Roberto Heras. Spain also noted Valverde, who sprints like a sprinter and climbs like a climber. His second place at the Worlds, behind the Basque rider Astarloa but ahead of Van Petegem and Bettini (the strongest classics riders of the season), proves he's more than just a flash in the pan

As we roll the credits, it's a good idea to remember the champions who passed this year. One would be the Kazakh rider Kivilev, who died one winter day in Paris-Nice from a seemingly inconsequential crash. Another would be the legendary Rik Van Steenbergen, who died in May in a hospital bed in Flanders. For many,

Rik was the greatest sprinter in the history of cycling.

Pier Bergonzi

Igor Astarloa

Even in cycling, the sun rises in the East. It all started in Quatar with a win by Alberto Loddo

At the Tour Down Under, in Australia won by Spanish rider Igor Astarloa.

Cycling seems to speak English more and more. In Malaysia, the winner was the American Tom Danielson. Write it down; he's a real climbing talent.

At Paris-Nice, Kazakh rider Kivilev died and his countryman Vinokourov went on to win the race for him.

Tirreno-Adriatico

In Tirreno-Adriatico, young gun baby Pozzato won and we saw the first two wins by Cipollini in his rainbow jersey.

Paolo Bettini

The Wall of Grammont climb is to cycling like Wimbledon is to tennis; there, cycling is like a religion. Here on Grammont, it's Van Petegem with Vandenbroucke on his wheel.

Frank Vandenbroucke attacks on the Bosberg. On the final wall of Flanders, the race is like a national holiday for the Flemish with their two heros on the move. The golden boy couldn't drop Peter Van Petegem, who outsprinted him for the win. For one day, we saw again a great VDB, a fantastic rider who too often has forgotten his own talent

Peter Van Petegem did the double at Roubaix. It's him, the man of the pavé.

Above, the Belgian rider Ludovic Capelle. Opposite page, Russian Viatcheslav Ekimov is in front of Latvian Arvis Piziks: Paris-Roubaix is a race for tightrope walkers on bikes.

Max Van Heeswijk, Serguey Ivanov and Damien Nazon

Opposite is Dario Pieri, "The Bull of Scandicci" inheritor of the tradition of Moser and Ballerini, with the German Aldag. Above, he's in the sprint at Roubaix Velodrome with Peter Van Petegem wearing the World Cup leaders jersey, who beat the Tuscan Pieri and Russian Ekimov. For Van Petegem it was the pretigious pavé double: Flanders and Roubaix.

Gand Wevelgem

Cipollini was super, but he crashed and got dropped from the winning break. Ghent-Wevelgem had a suprise winner with the German Klier, who beat the Australian Vogels and Flemish Boonen.

Freccia Vallone

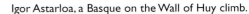
Igor Astarloa, a Basque on the Wall of Huy climb.

Alexandre Vinokourov, Michael Boogerd
and Danilo Di Luca. This was the podium
in the Amstel Gold Race,
#1 classic in Dutch cycling

Opposite, the solo victory of Vinokourov. Above, an attack by Francesco Casagrande, controlled by Michael Boogerd and Lance Armstrong. Alongside, the race passes Cauberg climb where the race finish was situated.

Tyler Hamilton

"REDOUTE"

It should have been the Armstrong show, but in the end, it was another American Tyler Hamilton, who is shown on the attack ahead of Boogerd, Di Luca and Shefer.

It's Tyler Hamilton again in the Tour Of Romandy.

In Trentino, Simoni shined after a good duel with Garzelli.

86°Giro d'Italia

Gilberto Simoni

The Giro d'Italia is a bandana for a baby, a coffee with Aggiano and Pozzi, the generosity of a climber like Noè or the consistency of a sprinter like McEwen, who can even win in the home of Cipollini and Petacchi.

Mario Cipollini

Alessandro Petacchi

Stefano Garzelli

Dario Frigo

Simoni and Garzelli are the contenders for the Maglia Rosa. In the end, the Trentino Simoni was the strongest in both the mountains and the time trial. For Gibo, it was the second successafter his win in 2001.

Alessandro Petacchi is the new numero uno of the sprint. He won the first
sprint in Lecce, beating Cipollini and gaining the Maglia Rosa.
After this, he won another 5 stages.

Mirco Marini

Kim Kirchen

Zoncolan, Alpe di Pampeago e Cascata del Toce. In each of these
mountaintop finishes of the Giro, Simoni was the winner.
Once again, the Giro was his.

Wearing his rainbow jersey, Mario Cipollini was first in Arezzo and Montecatini.
With 42 stage victories he's even beat Binda. No one has won more than him at the Giro.

Kurt Arvesen

Freddy Gonzalez

Wladimir Belli

Gilberto Simoni, Dario Frigo, Georg Totschnig

Yaroslav Popovych

The Pirate is back and his fans are lit with enthusiasm. Marco Pantani
is still the most popular champion, even if he's not winning anymore.
However, the romagnolo rode a good Giro d'Italia (14° on gc).
Marco has learned to suffer and fight with dignity.

Giro Puzzle. Below, stage wins by McEwen, Frigo, Lombardi, Garzelli, Petacchi, Gonchar e Simoni.

Right, the Giro podium with Gibo Simoni, Stefano Garzelli in second and Yaroslav Popovych, the big revelation in third.

Dauphiné Libéré

Lance Armstrong - Iban Mayo

67°Tour de Suisse

Alexandre Vinokourov

Michael Roger

Santiago Botero

Lance Armstrong

Alessandro Petacchi

Jorg Ludewig

Richard Virenque

Alessandro Petacchi

Bradley McGee

Jean-Patrick Nazon

Victor Hugo Pena

Richard Virenque

Iban Mayo

Carlos Sastre

This time, the challenge is there. And what a challenge. Thanks to Jan Ullrich, who dominated Armstrong in the Cap Decouverte TT and rocked the house.

Lance raced with his legs, but above all with his head. He came back well from the big hit in the TT and in the Pyrenees took command.

Lance Armstrong

Ivan Basso

David Moncoutie

Paolo Bettini

Robin Williams

Puzzle Tour de France: Knaven, Millar, Vinokourov, Cooke, US Postal,
Simoni, Flecha, McEwen, O'Grady.

The Tour is also drama. Joseba Beloki cries in the arms of Manolo Saiz after his crash in Gap. It seemed like the Basque could have been the third factor between Armstrong and Ullrich, but his Tour and his season ended there.

Jan Ullrich

Sebastian

In San Sebastian, Italian champion Paolo Bettini was unbeatable. He forced the selection on Jaizkibel, got away with Basso and beat him in the sprint to win. Once again Di Luca is on the podium in third

8ªHew Cyclassics

Back to the World Cup and Bettini's back. Il Grillo answered the attacks of Ullrich and
then beat Rebellin in the sprint that enabled him to reserve his back to back World Cup wins.

Züri Metzgete

Jan Ullrich, Daniele Nardello, Paolo Bettini

58ª Vuelta Espana

Even in the Vuelta, the tune played in the sprint is always the same song. Petacchi achieved his dream to win stages in the same year at the Giro, Tour & Vuelta. In the past, only Pierono Baffi and Miguel Poblet had this honor.

Igor Gonzalez De Galdeano

Joaquim Rodriguez

ONCE

KELME

US POSTAL

LAMPRE

Luis Perez

Unai Extebarria

David Millar

Alejandro Valverde

Filippo Simeoni

Roberto Heras

Alejandro Valverde

Alessandro Petacchi, Erik Zabel

Alessandro Petacchi

Isidro Nozal, Roberto Heras, Alejandro Valverde

After a long pursuit, Heras takes the Vuelta ahead of Nozal and Valverde.

With smarts and power, Erik Zabel made
the sprinter classic his again.
A dissapointed second, Alessandro Petacchi

Road World Championships

Igor Astarloa

Paolo Bettini kept attacking on the Hamilton hills, but the decisive move came from the Spanish rider Igor Astarloa, who in the finale took the win of his life, leaving behind Van Petegem, Camenzind, Boogerd, Hamburgher and the disappointed Bettini.

Hamilton greets the Basque rider Igor Astarloa, the newly crowned World
Champion with his countryman Alejandro Valverde
and the tenacious Peter Van Petegem

Uwe Peschel

Michael Rogers

David Millar

David Millar, king of the clock, with a disarming confidence left his
adversaries more than a minute behind and
put on a well deserved Rainbow Jersey.

The Tuscan "warrior" Michele Bartoli drops his adversaries and won his
second consecutive Giro di Lombardia

Results

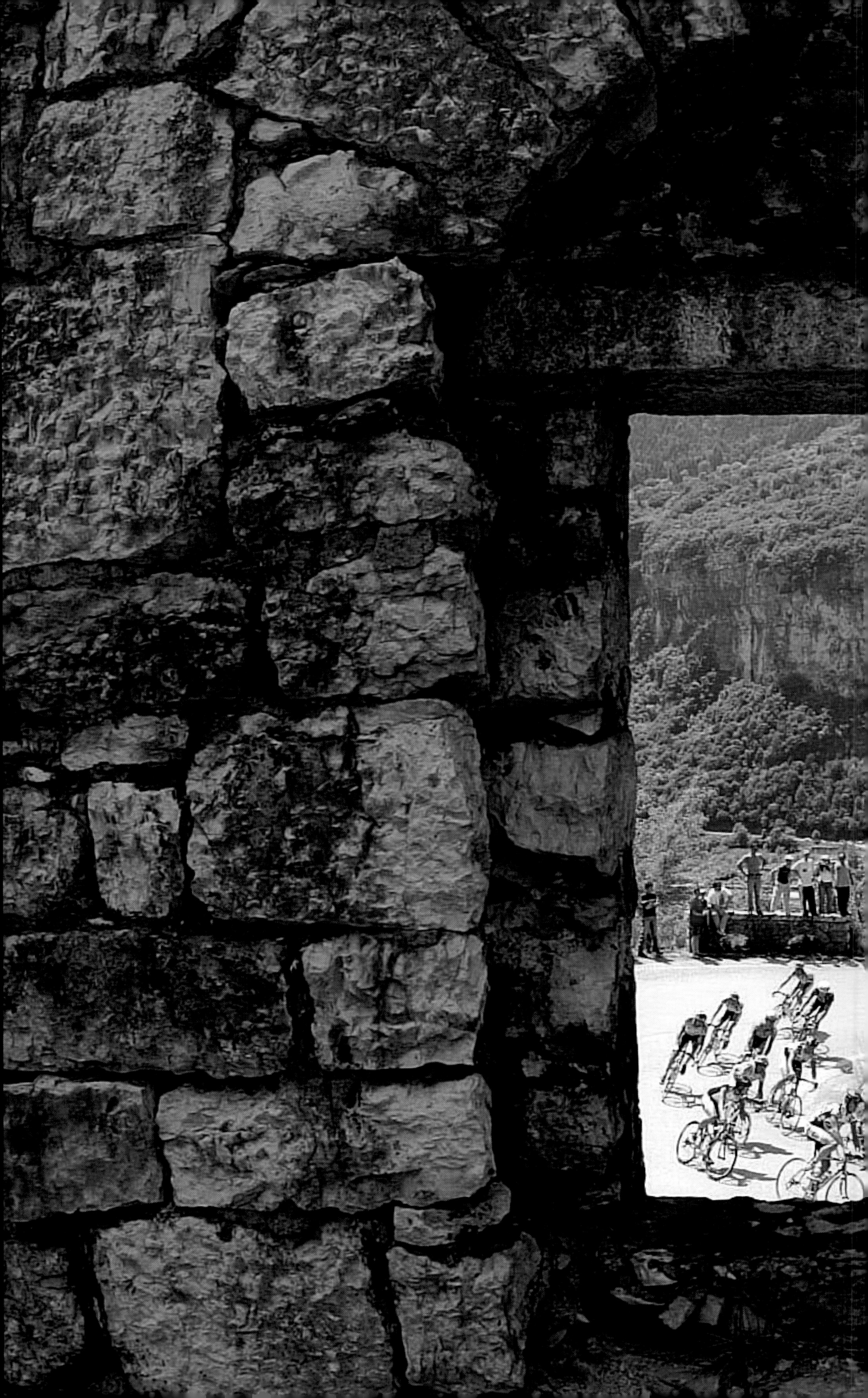

94ªMilano Sanremo

1 Paolo Bettini
(Ita Quick.Step-Davitamon)
6.44.43(44.03kmh);
2 Mirko Celestino
(ItaTeam Saeco);
3 Luca Paolini
(Ita Quick. Step-Davitamon) 0.02;
4 MarioCipollini (Ita);
5 Dario Pieri (Ita);
6 Erik Zabel (Ger);
7 Oscar Freire (Spa);
8 Jan Svorada (Cze);
9 Serguei Ivanov (Rus);
10 Guido Trenti (USA);
11 Gianluca Bortolami (Ita);
12 Bernhard Eisel (Aut);
13 Marcus Zberg (Swi);
14 Baden Cooke (Aus);
15 Graziano Gasparre (Ita);
16 Matthew Wilson (Aus);
17 Kim Kirchen (Lux);
18 Marc Lotz (Ned);
19 Beat Zberg (Sui);
20 Marzoli (Ita);
21 Ruggero O'grady (Aus);
22 Mariano Piccoli (Ita);
23 Fabio Sacchi(Ita);
24 David Millar (GBr);
25 Xavier Florencio (Spa)

87ªRonde van Vlaanderen

1 Peter Van Petegem
(Bel,Lotto-Domo) 6.18.48
(40.232 km/h);
2 Frank Vandenbroucke (Bel
Quick.Step-Davitamon)0.02;
3 Stuart O'Grady (Aus,
Credit Agricole)0.19;
4 Fabio Baldato (Ita) ;
5 Nico Mattan (Bel);
6 Frederic Guesdon (Fra);
7 Serguei Ivanov (Rus);
8 Viatcheslav Ekimov (Rus);
9 Michael Boogerd (Ned);
10 Dave Bruylandts (Bel);
11 Mirko Celestino (Ita);
12 Fabio Sacchi (Ita) 2.19;
13 Salvatore Commesso (Ita);
14 Bernhard Eisel (Aut);
15 Dario Pieri (Ita);
16 Michele Bartoli (Ita);
17 Marco Serpellini(Ita);
18 R, Vainsteins (Lat) 2.31;
19 R. Belohvosciks (Lat) 3.03;
20 Stefano Zanini (Ita) 3.10;
21 Guido Trenti (USA);
22 De Waele (Bel);
23 Fabien Cassani (Ita);
24 Gabriele Balducci (Ita);
25 Tom Boonen (Bel)

101ªParis Roubaix

1 Peter Van Petegem
(Bel,Lotto-Domo),6.11.35
(42.144 km/h);
2 Dario Pieri
(Ita,Team Saeco);
3 Viatcheslav Ekimov (Rus,
US Postal -by Berry Floor);
4 Marc Wauters (Bel),0.15;
5 Andrea Tafi (Ita), 0.36;
6 Romans Vainsteins (Lat);
7 Servais Knaven (Ned);
8 Daniele Nardello (ita);
9 Rolf Aldag (Ger);
10 Serguei Ivanov (Rus) 1.08;
11 Fabio Baldato (Ita),1.53 ;
12 Frédéric Guesdon (Fra), 1.56;
13 Damien Nazon (Fra), 2.09;
14 Gianluca Bortolami (Ita);
15 Erik Zabel (Ger);
16 Nicolas Portal (Fra);
17 Roger Hammond (GBr) 2.18;
18 Stuart O'Grady (Aus);
19 Nico Mattan (Bel);
20 Marco Serpellini (Ita);
21 Tristan Hoffman (Ned);
22 Bernhard Eisel (Aut) 2.28;
23 Max Van Heeswijk (Ned);
24 Tom Boonen (Bel);
25 Juan Ant.Flecha (Spa)

38ªAmstel Gold Race

1 Alexandre Vinokourov
(Kaz Team Telekom),
6.01.03
2 Michael Boogerd
(Ned Rabobank),0.04;
3 Danilo Di Luca
(Ita Team Saeco);
4 Davide Rebellin (Ita);
5 Matthias Kessler (Ger);
6 Francesco Casagrande (Ita),0.06;
7 Michele Scarponi (Ita);
8 Lance Armstrong (USA),0.08;
9 Angel Vicioso (Spa) 0.12;
10 Igor Astarloa (Spa) 0.20;
11 Serguei Ivanov (Rus) 0.31;
12 Gianni Faresin (Ita);
13 Laurent Dufaux (Swi),0.46;
14 Oscar Freire (Spa);
15 Erik Zabel (Ger);
16 Michele Bartoli (Ita);
17 Luca Paolini (Ita);
18 Javier Rodriguez (Spa);
19 Frank Vandenbroucke (Bel);
20 Mario Aerts (Bel);
21 Dave Bruylandts (Bel);
22 Ellis Rastelli (Ita);
23 Dennis Lunghi (Ita);
24 Raimondas Rumsas (Ltu);
25 Mirko Celestino (Ita)

89ªLiegie Bastogne Liegie

1 Tyler Hamilton
(Usa,Team CSC),6.28.50
(39.889 km/h);
2 Iban Mayo Diez
(Spa,Euskaltel-Euskadi), 0.12;
3 Michael Boogerd
(Ned Rabobank) 0.14;
4 Michele Scarponi (Ita) 0.21;
5 Francesco Casagrande (Ita) 0.29;
6 Samuel Sanchez (Spa);
7 Javier Rodriguez (Spa);
8 Danilo Di Luca (Ita);
9 Eddy Mazzoleni (Ita);
10 Ivan Basso (Ita);
11 Eddy Vandenbroucke (Bel) 0.40;
12 Oscar Pereiro (Spa);
13 Davide Rebellin (Ita);
14 Gianni Faresin (Ita);
15 Patrik Sinkewitz (Ger);
16 Andrea Noè (Ita);
17 Aitor Osa (Spa) 0.42;
18 Matthias Kessler (Ger);
19 David Etxebarria (Spa) 0.45;
20 Lance Armstrong (USA) 0.50;
21 Mirko Celestino (Ita) 1.04;
22 Michele Bartoli (Ita) 1.13;
23 Walter Beneteau (Fra);
24 Laurent Dufaux (Swi),1.15;
25 Angel Vicioso (Spa)

Individual Cup World - Vittorio Adorni, Paolo Bettini

8ªHew Cyclassics	23ªKlasika Ciclista San Sebastian	Züri Metzgete	97ªParis Tours	97°Giro di Lombardia
1 Paolo Bettini (Ita,Quick Step-Davitamon),5.58.20 (42.396 km/h);	**1** Paolo Bettini (Ita,Quick.Step-Davitamon), 5.44.42 (39.51 km/h);	**1** Daniele Nardello (Ita, Team Telekom),5.55.30 (39.932 km/h);	**1** Erik Zabel (Ger,Telekom), 5.24.55 (47.55 km/h);	**1** Michele Bartoli (Ita,Fassa Bortolo),6.29.41 (38.184 km/h);
2 Davide Rebellin (Ita,Gerolsteiner);	**2** Ivan Basso (Ita,Fassa Bortolo);	**2** Jan Ullrich (Ger,Team Bianchi),0.06;	**2** Alessandro Petacchi (Ita,Fassa Bortolo);	**2** Angelo Lopeboselli (Ita,Cofidis)0.02;
3 Jan Ullrich (Ger, Team Bianchi);	**3** Danilo Di Luca (Ita,Team Saeco),0.20;	**3** Paolo Bettini (Ita,Quick Step-Davitamon),0.11;	**3** Stuart O'grady (Aus,Credit Agricole);	**3** Dario Frigo (Ita, Fassa Bortolo),1.35;
4 Igor Astarloa (Spa);	**4** Francesco Casagrande (Ita);	**4** Michael Boogerd (Ned);	**4** Baden Cooke (Aus);	**4** Beat Zberg (Swi),1.47;
5 Mirko Celestino (Ita);	**5** Andrea Noè (Ita)0.23;	**5** Davide Rebellin (Ita);	**5** Franck Renier (Fra);	**5** Miguel Perdiguero (Spa);
6 Erik Zabel (Ger) 0.03;	**6** Gorka Gerrikagoitia (Spa) 0.33;	**6** Javier Rodriguez (Spa);	**6** Julian Dean (NZI);	**6** Cédric Vasseur (Fra);
7 Fabio Baldato (Ita);	**7** Davide Rebellin (Ita),0.34	**7** Oscar Camenzind (Swi);	**7** Stefano Zanini (Ita);	**7** Serhiy Honchar (Ukr);
8 Giovanni Lombardi (Ita);	**8** Michael Boogerd (Ned)	**8** David Moncoutié (Fra);	**8** Luca Paolini (Ita);	**8** Patrik Sinkewitz (Ger);
9 Marco Zanini (Ita);	**9** Michael Rasmussen (Den),0.37;	**9** Michele Scarponi (Ita);	**9** Fred Rodriguez (USA);	**9** Guido Trentin (Ita);
10 Andrea Ferrigato (Ita);	**10** Paolo Valoti (Ita),1.53;	**10** Cristian Moreni (Ita);	**10** Peter Van Petegem (Bel);	**10** Michael Boogerd (Ned);
11 Marco Casagrande (Ita);	**11** Igor Astarloa (Spa)1.54;	**11** Francesco Casagrande (Ita);	**11** Paolo Bettini (Ita);	**11** Peter Luttenberger (Aut);
12 Carlos Da Cruz (Fra);	**12** Stefano Garzelli (Ita);	**12** Eladio Sanchez (Spa);	**12** Marcus Zberg (Swi);	**12** Aitor Garmendia (Spa);
13 Luca Paolini (Ita);	**13** Richard Virenque (Fra);	**13** Patrik Sinkewitz (Ger);	**13** Alessandro Bertolini (Ita);	**13** Leonardo Piepoli (Ita);
14 Steven De Jongh (Ned);	**14** Mirko Celestino (Ita);	**14** Danilo Di Luca (Ita);	**14** Giovanni Lombardi (Ita);	**14** Felix Garcia Casas (Spa);
15 Stuart O'Grady (Aus);	**15** George Hincapie (USA);	**15** Didier Rous (Fra);	**15** Ludovic Capelle (Bel);	**15** Matthias Kessler (Ger) 1.58;
16 Andy Flickinger (Fra);	**16** Luca Paolini (Ita);	**16** Richard Virenque (Fra);	**16** Gabriele Missaglia (Ita);	**16** Angel Vicioso (Spa);
17 Gabriele Missaglia (Ita);	**17** Miguel Perdiguero (Spa);	**17** Ivan Basso (Ita);	**17** Aart Vierhouten (Ned);	**17** Frank Schleck (Lux);
18 René Haselbacher (Aut);	**18** Beat Zberg (Swi);	**18** Michael Rasmussen (Den)0.17;	**18** Robbie McEwen (Aus);	**18** Juan Flecha (Spa);
19 Julian Dean (NZI) ;	**19** Marco Serpellini (Ita);	**19** Beat Zberg (Swi) 1.09;	**19** Steffen Radochla (Ger);	**19** David Moncoutie (Fra);
20 Magnus Backstedt (Swe);	**20** Ludovic Turpin (Fra);	**20** Rik Verbrugghe (Bel);	**20** Sébastien Hinault (Fra);	**20** Andrea Peron (Ita);
21 Stefan Kupfernagel (Ger);	**21** Patrik Sinkewitz (Ger);	**21** Axel Merckx (Bel) 1.12;	**21** Josè Ivan Gutierrez (Spa);	**21** Marcos Serrano (Spa);
22 Franck Renier (Fra);	**22** Isidro Nozal Vega (Spa);	**22** Christophe Brandt (Bel) 1.18;	**22** Danilo Di Luca (Ita);	**22** Carlos Sastre (Spa);
23 Peter Van Petegem (Bel);	**23** David De La Fuente (Spa);	**23** Massimiliano Lelli (Ita);	**23** Fabio Baldato (Ita);	**23** Alessandro Bertolini (Ita)3.08;
24 Michael Skelde (Den);	**24** Rik Verbrugghe (Bel);	**24** Juan Flecha (Spa);	**24** Alexandre Usov (Blr);	**24** Markus Zberg (Swi);
25 Mathew Hayman (Aus)	**25** Unai Etxebarria (Ven);	**25** Laurent Dufaux (Swi)	**25** Andy Flickinger (Fra)	**25** Gerrit Glomser (Aut)

Teams Cup World: SAECO wins

Road World Championships

MEN: Elite - Road Race - 260,4 kms

1 Igor Astarloa (Spain), 6.30.19 (40.029 km/h);
2 Alejandro Valverde Belmont(Spain), 0.05;
3 Peter Van Petegem (Belgium);
4 Bettini (Italy);
5 Boogerd (Netherlands),0.06;
6 Hamburger (Denmark);
7 Barry (Canada) ;
8 Paolini (Italy), 0.12;
9 Freire Gomez (Spain) ;
10 Tombak (Estonia) ;
11 Zabel (Germany) ;
12 Davis (Australia) ;
13 Elmiger (Switzerland) ;
14 Konyshev (Russia) ;
15 Hoj (Denmark) ;
16 Sinkewitz (Germany) ;
17 Boonen (Belgium) ;
18 Rodriguez (USA) ;
19 Valjavec (Slovenia) ;
20 Lombardi (Italy);
21 Zberg (Switzerland) ;
22 Usov (Belarus) ;
23 Eisel (Austria) ;
24 Brochard (France) ;
25 Den Bakker (Netherlands) ;
26 Löwik (Netherlands) ;
27 Vasseur (France) ;
28 Glomser (Austria) ;
29 Kirchen (Luxembourg) ;
30 Trenti (USA) ;
31 Sciandri (Great Britain) ;
32 Christensen (Denmark) ;
33 Hayman (Australia) ;
34 Luttenberger (Austria) ;
35 Stangelj (Slovenia) ;
36 Botcharov (Russia) ;
37 Hincapie (USA) ;
38 Perez Arango (Colombia) ;
39 Bodrogi (Hungary) ;
40 Honchar (Ukraine) ;
41 Ekimov (Russia) ;
42 Arvesen (Norway);
43 Schnider (Switzerland) ;
44 Amorim (Portugal) ;
45 Cox (South Africa) ;
46 Martinez (Spain) ;
47 Wauters (Belgium) ;
48 Mizourov (Kazakhstan) ;
49 Kolobnev (Russia;
50 Aerts (Belgium) ;0.21

MEN: Under 23 - Road Race = 173,6 kms

1 Sergey Lagutin (Uzb) 4.14.05
2 Johan Vansummeren (Bel)
3 Thomas Dekker (Ned)
4 Jens Renders (Bel)
5 Matej Mugerli (Slo)
6 Alexander Bazenov (Rus)
7 Marcus Fothen (Ger)
8 Pieter Weening (Ned)
9 Massimo Ianetti (Ita)
10 Francisco J.Ventoso Alberdi (Spa) 0.09

MEN: Junior - Road Race = 124 kms

1 Kai Reus (Ned)
2 Anders Lund (Den)
3 Lukas Fus (Cze)
4 José Joaquin Rojas Gil (Spa)
5 Johan Lindgren (Swe)
6 Pieter Jacobs (Bel)
7 Grega Bole (Slo)
8 Mikael Cherel (Fra)
9 Tom Leezer (Ned)
10 Sebastian Langeveld (Ned)

WOMEN: Junior - Road Race = 74,4 kms

1 Loes Markerink (Ned) 2.05.39
2 Irina Tolmacheva (Rus)
3 Sabine Fischer (Ger)
4 Bianca Knöpfle (Ger)
5 Laura Bozzolo (Ita)
6 Candice Sullivan (Aus)
7 Karolina Konieczna (Pol)
8 Stephanie Williams (Aus)
9 Kate Nichols (Aus)
10 Monika Furrer (Swi)

WOMEN: Elite - Road Race = 124 kms

1 Susanne Ljungskog (Swe) 3.16.06
2 Mirjam Melchers (Ned)
3 Nicole Cooke (GBr)
4 Edita Pucinskaite (Ltu)
5 Olga Zabelinskaia (Rus)
6 Jeannie Longo Ciprelli (Fra)0.04
7 Anita Valen (Nor)0.12
8 Judith Arndt (Ger)
9 Bogumila Matusiak (Pol)0.19
10 Zoulfia Zabirova (Rus)

MEN: Elite - Time Trial = 41,6 kms

1 David Millar (GBr-Cof) 51.17
2 Michael Rogers (Aus-Qsd) 1.25
3 Uwe Peschel (Ger-Gst) 1.25
4 Michael Rich (Ger-Gst) 1.35
5 Isidro Nozal Vega (Spa-One) 1.39
6 Dario Frigo (Ita-Fas) 1.51
7 Viatcheslav Ekimov (Rus-Usp) 1.58
8 Marc Wauters (Bel-Rab) 2.07
9 Michal Hrazdira (Cze-Zvz) 2.12
10 Roesems (Bel-Pal) 2.16

MEN: Under 23 - Time Trial = 30,6 kms

1 Marcus Fothen (Ger) 38.35
2 Niels Scheuneman (Ned) 0.19
3 Alexandr Bespalov (Rus) 0.21
4 Thomas Lövkvist (Swe) 0.30
5 Jure Zrimsek (Svk) 0.45
6 Michael Creed (Usa) 0.47
7 Viktar Rapinski (Blr) 0.48
8 Brian Vandborg (Den) 1.01
9 Thomas Dekker (Ned) 1.02
10 Petter Renang (Swe) 1.14

MEN: Junior - Time Trial = 20,8 kms

1 Mikhail Ignatiev (Rus) 27.01
2 Dmytro Grabovskyy (Ukr) 0.22
3 Viktor Renaeng (Swe) 0.23
4 Dominique Cornu Bel) 0.28
5 William Walker (Aus) 0.46
6 Roman Kreuziger (Cze) 0.56
7 Alexey Esin (Rus) 0.56
8 Tony Martin (Ger) 0.57
9 Julien Loubet (Fra) 1.02
10 Simon Spilak (Slo) 1.05

WOMEN: Elite - Time Trial = 20,8 kms

1 Joane Somarriba Arrola (Spa) 28.23
2 Judith Arndt (Ger) 0.11
3 Zoulfia Zabirova (Rus) 0.26
4 Karin Thuerig (Swi) 0.27
5 Genevieve Jeanson (Can) 0.48
6 Jeannie Longo Ciprelli (Fra) 0.59
7 Lada Kozlikova (Cze) 1.01
8 Dede Demet-Barry (Usa) 1.16
9 Teodora Ruano Sanchon (Spa) 1.22
10 Edita Pucinskaite (Ltu) 1.25

WOMEN: Junior - Time Trial = 15,3 kms

1 Bianca Knöpfle (Ger) 22.17
2 Loes Markerink (Ned) 0.16
3 Iris Slappendel (Ned) 0. 31
4 Laura Telle (Lat) 0. 31
5 Magdalena Zamolska (Pol) 0.34
6 Stephanie Williams (Aus) 0.37
7 Sara Peeters (Bel) 0.43
8 Emmanuelle Merlot (Fra) 0.43
9 Larssyn Staley (Usa) 0.47
10 Chiara Nadalutti (Ita) 0.49

TAPPE

1 Lecce-Lecce: Alessandro Petacchi (Ita, Fassa Bortolo);
2 Copertino-Matera : Fabio Baldato (Ita, Alessio);
3 Policoro- Terme Luigiane: Stefano Garzelli (Ita,Vini Caldirola-SoDi);
4 Terme Luigiane- Vibo Valentia: Robbie McEwen (Aus,Lotto-Domo);
5 Messina- Catania: Alessandro Petacchi (Ita,Fassa Bortolo);
6 Maddaloni-Avezzano: Alessandro Petacchi (Ita,Fassa Bortolo);
7 Avezzano-Terminillo: Stefano Garzelli (Ita,Vini Caldirola-Elitron);
8 Rieti-Arezzo: Mario Cipollini (Ita,Domina Vacanze-Elitron);
9 Arezzo-Montecatini: Mario Cipollini (Ita,Domina Vacanze-Elitron);
10 Montecatini-Faenza: Kurt Asle Arvesen (Nor,Team fakta-Pata Chips);
11 Faenza-San Donà: Robbie McEwen (Aus,Lotto-Domo);
12 San Donà-Monte Zoncolan: Gilberto Simoni (Ita,Team Saeco);
13 Pordenone-Marostica: Alessandro Petacchi (Ita,Fassa Bortolo);
14 Marostica-Alpe Pampeago: Gilberto Simoni (Ita,Team Saeco);
15 Merano-Bolzano: Aitor Gonzalez Jimenez (Spa,Fassa Bortolo);
16 Arco di Trento-Pavia: Alessandro Petacchi (Ita,Fassa Bortolo);
17 Salice Terme-Asti:Alessandro Petacchi (Ita,Fassa Bortolo);
18 Santuario Vico-Chianale: Dario Frigo (Ita, Fassa Bortolo);
19 Canelli-Cascata Toce: Gilberto Simoni (Ita,Team Saeco);
20 Cannobio-Cantù: Giovanni Lombardi (Ita,Domina Vacanze-Elitron);
21 Idroscalo-Milano: Serguei Gontchar (Ukr,De Nardi-Colpack)

CLASSIFICA FINALE

1 Gilberto Simoni (Ita,Team Saeco), 89.32'.09";
2 Stefano Garzelli (Ita,Vini Caldirola-SO.DI), 7'.06";
3 Popovych (Ukr,Landbouwkrediet-Colnago), 7'.11";
4 Noe' (Ita),9'.24";
5 Totschnig (Aut),9'.42";
6 Rumsas (Ltu),9'.50";
7 Frigo (Ita),10'.50";
8 Gontchar (Ukr,),14'.14";
9 Pellizotti (Ita),14'.26";
10 Mazzoleni (Ita),19'.21";
11 Belli (Ita),19'.41";
12 Baranowski (Pol),22'.54";
13 Casar (Fra,),24'.50";
14 Pantani (Ita),26'.15";
15 Codol (Ita),28'.17";
16 Scarponi (Ita,),29'.24";
17 Faresin (Ita,),34'.47";
18 Garcia Quesada (Spa,),41'.21";
19 Gonzalez Jimenez (Spa,),41'.29";
20 Lanfranchi (Ita),43'.57";
21 Velo (Ita),45'.36";
22 Bruseghin (Ita),46'.11";
23 Sunderland (Aus),50'.22";
24 Szmyd (Pol),51'.36";
25 Bertagnolli (Ita,T),54'.02";

TAPPE

Paris, prologue: Bradley Mc Gee (Aus,FDJeux.com);
1 Saint-Denis/Montgeron- Meaux: Alessandro Petacchi (Ita,Fassa Bortolo);
2 La Ferté-sous Jouarre – Sedan : Baden Cooke (Aus,FDJeux.co;
3 Charleville-Mézières – Saint-Dizier: Alessandro Petacchi (Ita,Fassa Bortolo);
4 Joinville-Saint Dizier: Rubiera (Spa,US Postal-Berry Floor);
5 Troyes-Nevers: Alessandro Petacchi (Ita) Fassa Bortolo;
6 Nevers-Lyon: Alessandro Petacchi (Ita,Fassa Bortolo);
7 Lyon-Morzine: Richard Virenque (Fra,Quick.Step Davitamon);
8 Sallanches-l'Halpe d'Huez: Iban Mayo (Spa, Euskatel-Euskadi);
9 Bourg d'Oisans-Gap: Alexandre Vinokourov (Kaz,Telekom);
10 Gap-Marseille: Jacob Piil (Den,Team CSC);
11 Narbonne-Toulouse: Juan Antonio Flecha (Spa, !Banesto.com);
12 Gaillac-Cap'Découverte: Jan Ullrich (Ger,Team Bianchi);
13 Toulouse(Cité de l'Espace)-Plateau de Bonascre: Carlos Sastre (Spa,Team CSC);
14 Saint-Girons – Loudenvielle:Gilberto Simoni (Ita,Team Saeco);
15 Bagnères-de-Bigorre–Luz-Ardiden: Lance Armstrong (USA,US Postal-Berry Floor);
16 Pau-Bayonne: Tyler Hamilton (USA, Team CSC);
17 Dax-Bordeaux: Servais Knaven (Ned,Quick.Step Davitamon);
18 Bordeaux- Saint-Maixent-l'Ecole: Pablo Lastras (Spa, !Banesto.com); **19** Pornic-Nantes: David Millar (GBr,Cofidis, Le Credit par Telephone);
20 Ville d'Avray –Paris Champs Elysées: Damien Nazon (Fra, Brioches La Boulangère)

CLASSIFICA GENERALE

1 Lance Armstrong (USA,US Postal-Berry Floor),83.41'.12" (40.94 km/h);
2 Jan Ullrich (Ger,Team Bianchi), 1.'01";
3 Alexandre Vinokourov (Kaz,Team Telekom), 4'.14";
4 Hamilton (USA),6.17;
5 Zubeldia (Spa), 6'.51";
6 Mayo (Spa), 7'.06";
7 Basso (Ita), 10'.12";
8 Moreau (Fra), 12'.28";
9 Sastre (Spa), 18'.49";
10 Mancebo (Spa), 19'.15";
11 Menchov (Rus), 19'.44" ;
12 Totschnig (Aut), 21'.32";
13 Luttenberger (Aut), 22'.16";
14 Beltran (Spa), 23'.03";
15 Lelli (Ita), 24'.00";
16 Virenque (Fra), 25'31";
17 Jaksche (Ger), 27'.22";
18 Laiseka (Spa), 29'.15" ;
19 Rubiera (Spa), 29'.37";
20 Rous (Fra), 30'.14" ;
21 Dufaux (Swi), 33'.17" ;
22 Plaza (Spa), 45'.55";
23 Garcia Casas (Spa), 47'.07";
24 Botcharov (Rus), 49'.47";
25 Nardello (Ita), 53'.14"

TAPPE

1 Gijon-Gijon: Igor Gonzalez De Galdeano (Spa,O.N.C.E.-Eroski);
2 Cangas de Onis: Luis Perez (Spa,Cofidis, Le Crédit par Téléphone);
3 Cangas de Onis-Santander: Alessandro Petacchi (Ita,Fassa Bortolo);
4 Santander-Burgos: Unai Etxebarria (Ven, Euskaltel-Euskadi);
5 Soria-Zaragoza: Alessandro Petacchi (Ita,Fassa Bortolo);
6 Zaragoza-Zaragoza: Isidro Nozal (SpaO.N.C.E.-Eroski);
7 Huesca-Cauterets: Michael Rasmussen (Den Rabobank);
8 Cauterets-Pla de Beret/ Val d'Aran: Joaquin Rodriguez (Spa,O.N.C.E.-Eroski);
9 Viehla-Envalira: Alejandro Valverde (Spa, Kelme-Costa Blanca);
10 Andorra-Sabadell: Erik Zabel (Ger, Team Telekom);
11 Utiel-Cuenca: Erik Zabel (Ger,Team Telekom);
12 Cuenca-Albacete: Alessandro Petacchi (Ita,Fassa Bortolo);
13 Albacete-Albacete: Isidro Nozal (Spa, O.N.C.E.-Eroski);
14 Albacete-Valdepenas: Alessandro Petacchi (Ita,Fassa Bortolo);
15 Sierra de la Pandera: Alejandro Valverde (Spa, Kelme-Costa Blanca);
16 Jaen-Sierra Nevada: Felix Cardenas (Col,Labarca-2-Café Baqué);
17 Granada-Cordoba: David Millar (GBr, Cofidis, Le Crédit par Téléphone);
18 Las Rozas-Las Rozas: Pedro Diaz Lobato (Spa, Paternina-Costa de Almeria);
19 La Vega de Alcobendas- Collado Abantos: Filippo Simeoni (Ita, Domina Vacanze-Elitron);
20 San Lorenzo de El Escorial- Alto de Abantos: Roberto Heras (Spa, US Postal-Berry Floor);
21 Madrid- Madrid: 1 Alessandro Petacchi (Ita,Fassa Bortolo)

CLASSIFICA GENERALE

1 Roberto Heras (Spa,US Postal-Berry Floor), 69.31'.52";
2 Isidro Nozal (Spa,O.N.C.E.-Eroski),0'.28";
3 Alejandro Valverde (Spa,Kelme-Costa Blanca), 2'.25";
4 De Galdeano (Spa), 3'.27";
5 Mancebo (Spa), 4'.47";
6 Beltran (Spa), 5'.51";
7 Rasmussen (Den), 5'.56";
8 Cardenas (Col), 6'.33";
9 Osa (Spa), 6'.51";
10 Perez (Spa), 7'.56";
11 Gonzalez (Spa), 9'.08";
12 Sevilla (Spa), 9'.52";
13 Scarponi (Ita), 10'.13";
14 Serrano (Spa), 12'.51";
15 Garcia Casas (Spa), 14'.18";
16 Del Olmo (Spa), 14'.38";
17 Pereiro (Spa), 17'.05";
18 Flores (Spa), 18'.31";
19 Trentin (Ita), 29'.34";
20 José Jufre (Spa), 33'.30";
21 Frigo (Ita), 40'.19";
22 Cuesta (Spa), 41'.18";
23 Piepoli (Ita), 46'.45";
24 Calvente (Spa), 47'.54";
25 Osa (Spa), 49'.39"

Paris-Nice - 9th - 16th March

prologue: Issy-les-Moulineaux
Nico Mattan (Bel-Cof)
1 Auxerre - Paray-le-Monial
Alessandro Petacchi (Ita-Fas)
2 La Clayette - Saint-Etienne
Davide Rebellin (Ita-Gst)
3 Le Puy-en-Velay - Le Pont du Gard
- neutralized
4 Source Perrier à Vergèze CLM Dario
Frigo (Ita-Fas)
5 Aix-en-Provence-Toulon Mont Faron
Alexandre Vinokourov (Kaz-Tel)
6 Toulon – Cannes
Joaquin Rodriguez Oliver (Spa-One)
7 Nice – Nice
David Bernabeu Armengol (Spa-Mil)

FINAL CLASSIFICATION.
1 Alexandre Vinokourov (Kaz-Tel)
2 Mikel Zarrabeitia Uranga (Spa-One)
3 Davide Rebellin (Ita-Gst)
4 Jörg Jaksche (Ger-One)
5 Sylvain Chavanel (Fra-Blb)
6 David Bernabeu Armengol (Spa-Mil)
7 Claus-Michael Möller (Den-Mil)
8 Volodimir Gustov (Ukr-Fas)
9 Samuel Sanchez Gonzalez (Spa-Eus)
10 Oscar Pereiro Sio (Spa-Pho)

Tirreno Adriatico 13th - 19th March

1 Sabaudia-Sabaudia
Mario Cipollini (Ita-Dve)
2 Sabaudia-Tarquinia
Filippo Pozzato (Ita-Fas)
3 Tarquinia-Foligno
Mario Cipollini (Ita-Dve)
4 Foligno-Ortezzano - cancelled -
5 Monte San Giusto-Rapagnano
Ruggero Marzoli (Ita-Als)
6 Teramo-Torricella Sicura
Danilo Di Luca (Ita-Sae)
7 S. Benedetto-S. Benedetto
Oscar Freire Gomez (Spa-Rab)

FINAL CLASSICATION
1 Filippo Pozzato (Ita-Fas)   29.45.33
2 Danilo Di Luca (Ita-Sae)   0.04
3 Ruggero Marzoli (Ita-Als)   0.12
4 Michael Boogerd (Ned-Rab)   0.13
5 Paolo Bettini (Ita-Qsd)   0.21
6 Marcus Zberg (Swi-Gst)   s.t.
7 Andreas Klöden (Ger-Tel)   0.22
8 Erik Zabel (Ger-Tel)   0.24
9 Luca Paolini (Ita-Qsd)   0.27
1 Andrea Noe (Ita-Als)   0.33

Vuelta a Pais Basco 7th - 11th April

1 Legazpia-Legazpia
Iban Mayo Diez (Spa-Eus)
2 Legazpia-Plencia
Angel Vicioso Arcos (Spa-One)
3 Plencia-Vitoria
Alejandro Valverde Belmonte (Spa-Kel)
4 Vitoria-Santesteban
Marco Pinotti (Ita-Lam)
5a Santesteban-Fuenterrabía
Iban Mayo Diez (Spa-Eus)
5b Fuenterrabía-Fuenterrabía CLM
Iban Mayo Diez (Spa-Eus)

FINAL CLASSIFICATION
1 Iban Mayo Diez (Spa-Eus) 18.59.23
2 Tyler Hamilton (Usa-Csc) 0.12
3 Samuel Sanchez (Spa-Eus) 0.23
4 Dario Frigo (Ita-Fas) 1.07
5 Alejandro Valverde (Spa-Kel) 1.15
6 Aitor Osa Eizaguirre (Spa-Ban) 1.30
7 Michael Rasmussen (Den-Rab)1.39
8 Wladimir Belli (Ita-Lam) 1.46
9 Angel Vicioso Arcos (Spa-One) 1.51
10 Alexandre Vinokourov (Kaz-Tel)2.01

09.04: Gent - Wevelghem - Bel - 204 km
1 Andreas Klier (Ger-Tel)
2 Henk Vogels (Aus-Nvr)
3 Tom Boonen (Bel-Qsd)
4 Alberto Ongarato (Ita-Dve)
5 Servais Knaven (Ned-Qsd)
6 Raivis Belohvosciks (Lat-Mar)
7 Johan Museeuw (Bel-Qsd)
8 Roger Hammond (GBr-Pal)
9 Max van Heeswijk (Ned-Usp)
10 Mathew Hayman (Aus-Rab)

23.04: La Flèche Wallone - Bel - 199,5 km

1 Igor Astarloa Askasibar (Spa-Sae)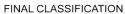
2 Aitor Osa Eizaguirre (Spa-Ban)
3 Alexandre Shefer (Kaz-Sae)
4 Unai Etxebarria Arana (Ven-Eus)
5 Alexandr Kolobnev (Rus-Dve)
6 Oscar Mason (Ita-Vin)
7 Cristian Moreni (Ita-Als)
8 Angel Castresana Del Val (Spa-One)
9 Christian Moreau (Fra-C.A)
10 Eddy Mazzoleni (Ita-Vin)

Tour de Romandie 29 April - 4 May

prologue: Geneva
Fabian Cancellara (Swi-Fas)
1 Geneva – Fleurier
Simone Bertoletti (Ita-Lam)
2 Couvet – Lucens
Yuriy Krivtsov (Ukr-Del)
3 Moudon - Loeche-les-Bains
Laurent Dufaux (Swi-Als) and
Francisco Perez
4 Monthey-Châtel-St-Denis/Les Paccots
Francisco Perez (Spa-Mil)
5 Lausanne CLM
Tyler Hamilton (Usa-Csc)

FINAL CLASSIFICATION
1 Tyler Hamilton (Usa-Csc) 18.06.37
2 Laurent Dufaux (Swi-Als) 0.33
3 Francisco Perez Sanchez (Spa-Mil)0.33
4 Fabian Jeker (Swi-Mil) 0.54
5 Alexandre Moos (Swi-Pho) 0.59
6 Carlos Sastre Candil (Spa-Csc)1.45
7 Yaroslav Popovych (Ukr-Lan) 1.48
8 David Moncoutie (Fra-Cof) 2.12
9 Roberto Laiseka (Spa-Eus) 2.23
10 Iñigo Chaurreau (Spa-A2r) 2.23

Dauphiné Libéré 8th – 15th June

prologue: Villard de Lans-Balcon de Villard
Iban Mayo
1 Méaudre - Vaison la romaine
Plamen Stoianov (Bul-Big)
2 Bollene- Vienne
Thor Hushovd (Nor-C.A)
3 Saint Paul en Jarez - Saint Héand CLM
Lance Armstrong (Usa-Usp)
4 Vienne – Morzine
Iban Mayo Diez (Spa-Eus)
5 Morzine – Chambéry
Laurent Lefèvre (Fra-Del)
6 Challes-Les-Eaux – Briançon
Juan M.Mercado Martin (Spa-Ban)
7 Briançon – Grenoble
Cédric Vasseur (Fra-Cof)

FINAL CLASSIFICATION
1 Lance Armstrong (Usa-Usp) 29.31.53
2 Iban Mayo Diez (Spa-Eus) 1.12
3 David Millar (GBr-Cof) 2.47
4 Francisco Mancebo (Spa-Ban) 4.35
5 Christophe Moreau (Fra-C.A) 4.59
6 Inigo Chaurreau (Spa-A2r) 5.53
7 Juan M.Mercado (Spa-Ban) 6.03
8 Levi Leipheimer (Usa-Rab) 6.25
9 Cyril Dessel (Fra-Pho) 7.18
10 Alberto Lopez de Munain (Spa-Eus)

Vuelta Ciclista a Catalunya 16th - 22nd June

1 Salou-Vilaseca (La Pineda) CLM equipe
ONCE-Eroski
2 Mora D'Ebre - El Morell
Bram de Groot (Ned-Rab)
3 La Pobla de Mafumet – Andorra
Aitor Kintana Zarate (Spa-L2c)
4 Andorra La Vella – Luvia
Jesús M.Manzano Ruano (Spa-Kel)
5 Llivia – Manresa
Oscar Freire Gomez (Spa-Rab)
6 Molins de Rei – Vallvidrera CLM
José Ant.Pecharroman (Spa-Alm)
7 Sant Joan Despi – Barcelona
Angel Vicioso Arcos (Spa-One)

FINAL CLASSIFICATION
1 José Ant.Pecharroman (Spa-Alm) 22.15.13
2 Roberto Heras (Spa-Usp) 0.43
3 Koldo Gil Pérez (Spa-One) 3.46
4 Rafael Casero (Spa-Alm) 4.02
5 Ivan Basso (Ita-Fas) 4.29
6 Benjamin Noval (Spa-Crf) 4.36
7 Guido Trentin (Ita-Cof) 4.39
8 Santiago Blanco Gil (Spa-Crf) 5.28
9 Daniel Atienza (Spa-Cof) 5.45
10 Evgueni Petrov (Rus-Ban) 5.55

Tour de Suisse 16th – 25th June

prologue: Egerkingen
Fabian Cancellara (Swi-Fas)
1 Egerkingen - Le Locle
Alexandre Vinokourov (Kaz-Tel)
2 Murten – Nyon
Robbie McEwen (Aus-Lot)
3 Nyon - Saas Fee
Francesco Casagrande (Ita-Lam)
4 Viège – Losone
Sandy Casar (Fra-FdJ)
5 Ascona - La Punt
Francesco Casagrande (Ita-Lam)
6 Silvaplana – Silvaplana
Oscar Pereiro Sio (Spa-Pho)
7 Savognin – Oberstaufen (Ger)
Sergei Yakovlev (Kaz-Tel)
8 Gossau – Gossau CLM
Bradley McGee (Aus-FdJ)
9 Stäfa – Aarau
Baden Cooke (Aus-FdJ)

FINAL CLASSIFICATION
1 Alexandre Vinokourov (Kaz-Tel) 36.38.58
2 Giuseppe Guerini (Ita-Tel) 1.14
3 Oscar Pereiro Sio (Spa-Pho) 1.28
4 Kim Kirchen (Lux-Fas) 1.46
5 Tadej Valjavec (Slo-Fas) 1.55
6 Alexandre Moos (Swi-Pho) 2.10
7 Jan Ullrich (Ger-Tbi) 2.27
8 Sven Montgomery (Swi-2as) 2.29
9 Ondrej Sosenka (Cze-Ccc) 4.14
10 Tomasz Brozyna (Pol-Ccc) 4.17

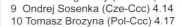

21-26.01: Tour Down Under-Aus- 2.3
1 East End Adelaide Street Race
Baden Cooke (Aus-FdJ)
2 Jacob's Creek – Kapunda
Fabio Sacchi (Ita-Sae)
3 Glenelg - Hahndorf
Robbie McEwen (Aus-Lot)
4 Unley - Goolwa
Baden Cooke (Aus-FdJ)
5 Willunga – Willunga
Giampaolo Caruso (Ita-One)
6 Adelaide City Council Circui
Graeme Brown (Aus-Pan)

FINAL CLASSIFICATION
1 Mikel Astarloza (Spa-A2r)
2 Lennie Kristensen (Den-Csc)
3 Stuart O'Grady (Aus-C.A)

31.01-04.02: Tour de Qatar 2.3
1 Doha – Doha
Alberto Loddo (Ita-Lam)
2 Ras Laffan – Doha
Damien Nazon (Fra-Blb)
3 Camel Race Track – Doha
Stefan van Dijk (Ned)
4 Al Wakra – Doha
Ivan Quaranta (Ita-Sae)
5 Sealine Beach Resort – Doha
Servais Knaven (Ned-Qsd)

FINAL CLASSIFICATION
1 Alberto Loddo (Ita-Lam)
2 Olaf Pollack (Ger-Gst)
3 Jan Svorada (Cze-Lam)

31.01-09.02: Tour de Langkawi 2.2
1 Langkawi CLM
Nathan O'Neill (Aus-Sat)
2 Kangar – Butterworth
Luciano Pagliarini (Bra-Lam)
3 Kulim – Ipoh
Luciano Pagliarini (Bra-Lam)
4 Gerik - Tanah Merah
Luciano Pagliarini (Bra-Lam)
5 Kota Bharu – Kuala Terengganu
Graeme Brown (Aus-Pan)
6 Marang – Cukai
Stuart O'Grady (Aus-C.A)
7 Kuantan – Bentong
Graeme Brown (Aus-Pan)
8 Menara Telekom KL – Seremban
Stuart O'Grady (Aus-C.A)
9 Seremban - Genting Highlands
Hernan Dario Munoz (Col-Clm)
10 Kuala Lumpur – Criterium
Ruben D. Bongiorno (Arg-Pan)

FINAL CLASSIFICATION
1 Tom Danielson (Usa-Sat)
2 Hernan Dario Munoz (Col-Clm)
3 Freddy Gonzalez Martinez (Col-Clm)

02.02: Trofeo Mallorca-Spa-82 km 1.3
Isaac Gálvez Lopez (Spa-Kel)

02.02: Costa degli Etruschi-Ita-192 km 1.3
Jaan Kirsipuu (Est-A2r) →

03.02: Tr. Cala Millor-Spa-164,5 km 1.3
Alexandre Usov (Blr-Pho)

04.02: Tr. Alcudia-Spa-169,5 km 1.3
Allan Davis (Aus-One)

04.02: GP Ouv.La Marseillaise-Fra -150 km 1.3
Ludo Dierckxsens (Bel-Lan)

05.02: Trofeo Manacor-Spa-166,3 km 1.3
Isaac Gálvez Lopez (Spa-Kel)

05-09.02: Etoile de Bessèges-Fra 2.3
1 St Cannat - Ste-Tulle
Fabio Baldato (Ita-Als)
2 Marseille - Cassis
Jo Planckaert (Bel-Cof)
3 Nîmes-Casino des Fumades
Tom Steels (Bel-Lan)
4 Cora d'Alès - La Grand Combe
 Robbie McEwen (Aus-Lot)
5 Branoux Les Taillades - Bessèges
Jaan Kirsipuu (Est-A2r)

FINAL CLASSIFICATION
1 Fabio Baldato (Ita-Als)
2 Michael Skelde (Den-Fak)
3 Franck Bouyer (Fra-Blb)

06.02: Trofeo Calvia-Spa-149,4 km 1.3
Remmert Wielinga (Ned-Rab)

12-16.02: Tour Méditerranéen-Fra 2.3
1 Arma di Taggia-Arma di Taggia
Bram de Groot (Ned-Rab)
2 Menton-Le Cannet
Emmanuel Magnien (Fra-Blb)
3 Seillans-La Motte
Baden Cooke (Aus-FdJ)
4 La Motte-Mont Faron
David Moncoutié (Fra-Cof)
5 La Garde-Berre l'Etang
Daniele Bennati (Ita-Dve)
6 Gemenos-Marseille CLM equipe
TTT Fassa Bortolo

FINAL CLASSIFICATION
1 Paolo Bettini (Ita-Qsd)
2 Laurent Brochard (Fra-A2r)
3 Sylvain Chavanel (Fra-Blb)

16-20.02: Vuelta a Andalucia-Spa 2.3
1 Cordoba - Cordoba
Oscar Freire Gomez (Spa-Rab)
2 Sevilla - Huelva
Oscar Freire Gomez (Spa-Rab)
3 Sevilla – Lucena
Javier Pascual Llorente (Spa-Kel) →
4 Cabra – Jaen
Remmert Wielinga (Ned-Rab)
5 Granada – Benalmadena
Ruslan Ivanov (Mda-Als)

FINAL CLASSIFICATION
1 Javier Pascual Llorente (Spa-Kel)
2 Davide Rebellin (Ita-Gst)
3 Alejandro Valverde (Spa-Kel)

18.02: Tr. Laigueglia-Ita-183,3 km 1.2
Filippo Pozzato (Ita-Fas)
↓

19-23.03 Volta ao Algarve - Por 2.3
1 Tavira – Tavira
Angel Edo Alsina (Spa-Mil)
2 Lagos – Lagos
Alberto Loddo (Ita-Lam)
3 Lagoa - V.R. Sto.Antonio
Candido Barbosa (Por-Lap)
4 Guia - Albufeira CLM
Claus-Michael Möller (Den-Mil)
5 Loulé – Loulé
Pedro Cardoso (Por-Mil)

FINAL CLASSIFICATION
1 Claus-Michael Möller (Den-Mil)
2 Victor H.Peña Grisales (Col-Usp)
3 Pedro Cardoso (Por-Mil)

19-22.02: Giro della Liguria-Ita 2.3
1 Arenzano - Diano Marina
Andrea Ferrigato (Ita-Als)
2 Pietra Ligure – Andora
Giuseppe Palumbo (Ita-Dnc)
3a Alassio – Alassio
Jimmy Casper (Fra-FdJ)
3a Varazze - Alpicella Beigua CLM
Danilo Di Luca (Ita-Sae)
4 Andora - Savona
Gabriele Balducci (Ita-Sid)

FINAL CLASSIFICATION
1 Danilo Di Luca (Ita-Sae)
2 Giuseppe Palumbo (Ita-Dnc)
3 Wladimir Belli (Ita-Lam)

19-23.02: Inter. Tour of Rhodos-Gre 2.3
prologo Rhodes
Sebastian Lang (Ger-Gst)
1 Rhodes-Apolakkia-Rhodes
Jan Svorada (Cze-Lam)
2 Rhodes-Kolimpia-Apollona-Rhodes
Fred Rodriguez (Usa-Sid)
3 Rhodes-A.Isidoros-Rhodes
Thomas Bruun Eriksen (Den-Csc)
4 Rhodes-Butterflies-Rhodes
Rudie Kemna (Ned-Bct)

FINAL CLASSIFICATION
1 Bram Schmitz (Ned-Bct)
2 Sebastien Lang (Ger-Gst)
3 Thomas Bruun Eriksen (Den-Csc)

22.02: Tour du Haut Var-Fra-180 km 1.2
Sylvain Chavanel (Fra-Blb)

23.02: Trofeo Luis Puig-Spa-183 km 1.2
Alessandro Petacchi (Ita-Fas)

23.02: Classico Haribo-Fra-197 km 1.3
Jaan Kirsipuu (Est-A2r)

25.02-01.03: Volta a la Comunitat
Valenciana-Spa 2.3
1 San Vicente del Raspell clm
Dario Frigo (Ita-Fas)
2 Castalla – VilaJoyosa
Rafael Casero Moreno (Spa-Alm)
3 Onda - Port de Sagunto
Igor Astarloa Askasibar (Spa-Sae)
4 Sagunt - Alt del Campello
Miguel A.Martin Perdiguero (Spa-Dve)
5 Valencia – Valencia
Alessandro Petacchi (Ita-Fas)

FINAL CLASSIFICATION
1 Dario Frigo (Ita-Fas)
2 David Bernabeu Armengol (Spa-Mil)
3 Javier Pascual Llorente (Spa-Kel)

01.03: Omloop Het Volk-Bel-200 km 1.1
Johan Museeuw (Bel-Qsd)

01.03: GP Citta Di Chiasso-Swi-165,7 km 1.3
Giuliano Figueras (Ita-Pan)

02.03: Kuurne-Brussels-Kuurne-Bel-190 km 1.2
Roy Sentjens (Ned-Rab)

02.03: Clasica de Almeria-Spa -178 km 1.3
Luciano Pagliarini (Bra-Lam)

02.03: Giro di Lugano-Swi-169,4 km 1.3
David Moncoutié (Fra-Cof)

05.03: Fayt-le-Franc -Bel-185 km 1.3
Stefan van Dijk (Ned-Lot)

05-09.03: Vuelta a Murcia - Spa 2.3
1 Murcia – Ceuti
Jan Svorada (Cze-Lam)
2 Alguazas - Alto Cresta del Gallo
Javier Pascual Llorente (Spa-Kel)
3 Caravaca – Caravaca
Erik Zabel (Ger-Tel)
4 Cartagena - Alto de La Santa
Victor H.Peña Grisales (Col-Usp)
5 Murcia - Murcia CLM
Javier Pascual Llorente (Spa-Kel)

FINAL CLASSIFICATION
1 Javier Pascual Llorente (Spa-Kel)
2 Jan Hruska (Cze-One)
3 Haimar Zubeldia Aguirre (Spa-Eus)

07-09.03: Daagse van West Vlaanderen 2.3
1 Bellegem CLM
David Millar (GBr-Cof)
2 Handzame - Koksijde – Handzame
Jimmy Casper (Fra-FdJ)
3 Ichtegem – Ichtegem
Jaan Kirsipuu (Est-A2r)

FINAL CLASSIFICATION
1 Jaan Kirsipuu (Est-A2r)
2 Jimmy Casper (Fra-FdJ)
3 Lauri Aus (Est-A2r)

08.03: Giro Pr. di Reggio Calabria-Ita-194 km 1.3
Aitor Gonzalez Jimenez (Spa-Fas)

09.03: Trofeo Pantalica-Ita-172 km 1.3
Miguel A.Martin Perdiguero (Spa-Dve)

11.03: Trofeo dell'Etna-Ita-199,5 km 1.3
Filippo Pozzato (Ita-Fas)

14-16.03: G.P. Erik Breukink-Ned 2.3
1 Bladel - Riemst (Bel) - Bladel
Jimmy Casper (Fra-FdJ)
2 Riemst (Bel)-Riemst (Bel)
Bernard Eisel (Aut-FdJ)
3 Bladel – Bladel CLM
Bert Roesems (Bel-Pal)

FINAL CLASIFICATION
1 Erik Dekker (Ned-Rab)
2 Tomas Vaitkus (Ltu-Lan)
3 Bernard Eisel (Aut-FdJ)

26.03: Dwars door Vlaanderen Waregem-Bel- 202 km 1.2
Robbie McEwen (Aus-Lot)

26-30.03: Settimana Internazionale di Coppi e Bartali-Ita 2.3
1a Riccione – Riccione
Jan Svorada (Cze-Lam)
1a Rimini - Rimini CLM equipe
Team Lampre
2 Riccione – Faenza
Alexander Kolobnev (Rus-Dve)
3 Nonantola – Nonantola
Ivan Quaranta (Ita-Sae)
4 Sassuolo - Prignano
Luca Mazzanti (Ita-Pan)
5 Castellarano – Sassuolo
Ruslan Ivanov (Mda-Als)

FINAL CLASSIFICATION
1 Mirko Celestino (Ita-Sae)
2 Francesco Casagrande (Ita-Lam)
3 Franco Pellizotti (Ita-Als)

9.03: Nokere-Koerse-Bel-193 km 1.3
Matthé Pronk (Ned-Bct)

20-23.03 GP Os Mosqueteiros-Por 2.3
1 Covilha – Pombal
Angel Edo Alsina (Spa-Mil)
2 Pombal - Marinha Grand
David Fernandez Domingo (Spa-Crf)
3 Marinha Grande – Oeiras
Angel Edo Alsina (Spa-Mil)
4 Oeiras - Oeiras CLM
Claus-Michael Möller (Den-Mil)

FINAL CLASSIFICATION
1 Candido Barbosa (Por-Lap)
2 Alexei Markov (Rus-Lok)
3 Claus-Michael Möller (Den-Mil)

23.03: Cholet-Pays De Loire-Fra-km 1.2
Christophe Mengin (Fra-FdJ)

23.03: G.P. Rudy Dhaenens-Bel-186 km 1.3
Christophe Kern (Fra-Blb)

23.03: Stausee Rundfahrt-Swi-188 km 1.3
Uros Murn (Slo-Fpf)

24-28.03: Setmana Catalana-Spa-2.1
1 Lloret de Mar-Lloret de Mar
Erik Zabel (Ger-Tel)
2 Lloret - Empuriabrava
Beat Zberg (Rab-Swi)
3 Castello d'Empuries-Parets del Vallés
Marco Zanotti (Ita-Fas)
4 Parets del Vallés - Bagá (Coll de Pal)
Dario Frigo (Ita-Fas)
5 Bagá – Vic
Erik Zabel (Ger-Tel)

FINAL CLASSIFICATION
1 Dario Frigo (Ita-Fas)
2 José Jufre Pou (Spa-Crf)
3 David Latasa Lasa (Spa-Kel)

29.03: GP E3-Harelbeke-Bel-209 km 1.1
Steven de Jongh (Ned-Rab)

29-30.03: Critérium International-Fra 2.1
1 Charleville Mézières - Charleville Mézières
Damien Nazon (Fra-Blb)
2 Les Mazures – Monthermé
Laurent Brochard (Fra-A2r)
3 Charleville Mézières
Jens Voigt (Ger-C.A)
Damien Nazon (Fra-Blb)

FINAL CLASSIFICATION
1 Laurent Brochard (Fra-A2r)
2 Jens Voigt (Ger-C.A)
3 David Moncoutié (Fra-Cof)

30.03: Brabantse Pijl-Bel-192,5 km 1.2
Michael Boogerd (Ned-Rab)

06.04: G.P. Rennes-Fra-157,5 km 1.3
Oleg Grichkine (Rus-Nvr)

08-11.04: Circuit de la Sarthe-Fra 2.3
1 Nantes - Fontenay-Le-Comte
Carlos Da Cruz (Fra-FdJ)
2 Fontenay-Le-Comte - Pont-Château
Massimo Strazzer (Ita-Pho)
3 Saint Gereon - Angers
Yuriy Krivtsov (Ukr-Del)
4 Angers CLM
Sylvain Chavanel (Fra-Blb)
5 Angers - Le Mans
Allan Davis (Aus-One)

FINAL CLASSIFICATION
1 Carlos Da Cruz (Fra-FdJ)
2 Alexei Sivakov (Rus-Big)
3 Laurent Brochard (Fra-A2r)

10.04: GP Pino Cerami-Bel-184,4 km 1.3
Bart Voskamp (Ned-Bct)

12.04: Ronde van Drente-Ned-202 km 1.3
Rudi Kemna (Ned-Bct)

13.04: G.P. Primavera Amorebieta-Spa- 182,7 km 1.3
Alejandro Valverde (Spa-Kel)

13.04: Ronde van Noord Holland-Ned-200 km 1.3
Jans Koerts (Ned-Bct)

16.04: Grote Scheldeprijs-Bel-206 km 1.1
Ludovic Capelle (Bel-Lan)

16-20.04: Vuelta Ciclista a Aragon 2.2
1 Huesca – Cerler
Leonardo Piepoli (Ita-Ban)
2 Benasque – Sabiñánigo
Alessandro Petacchi (Ita-Fas)
3 Illueca – Illueca
Alejandro Valverde (Spa-Kel)
4 La Muela – Borja
Alessandro Petacchi (Ita-Fas)
5 Colchón Relax (La Muela) – Zaragoza
Alessandro Petacchi (Ita-Fas)

FINAL CLASSIFICATION
1 Leonardo Piepoli (Ita-Ban)
2 Gilberto Simoni (Ita-Sae)
3 Manuel Beltran Martinez (Spa-Coa)

17.04: G.P. Denain-Fra-190 km 1.3
Bert Roesems (Bel-Pal)

20.04: Tour de Vendée-Fra-194,2 km 1.3
Jaan Kirsipuu (Est-A2r)

21.04: Rund um Köln-Ger-202,3 km 1.2
Jan Ullrich (Ger-Coa)

22.04: Paris-Camembert-Fra-208 km 1.2
Laurent Brochard (Fra-A2r)

22-27.04: Tour of Georgia-Usa 2.3
Prologo Downtown Savannah
Nathan O'Neill (Aus-Sat)
1 Augusta – Macon
Henk Vogels (Aus-Nvr)
2 Macon – Columbus
Moreno Di Biase (Ita-Fpf)
3 Pine Mountain - Rome
Fred Rodriguez (Usa-Vin)
4 Dalton – Gainesville
Fred Rodriguez (Usa-Vin)
5 Atlanta circuit race
David Clinger (Usa-Pri)

FINAL CLASSIFICATION
1 Chris Horner (Usa-Sat)
2 Fred Rodriguez (Usa-Vin)
3 Nathan O'Neill (Aus-Sat)

23-27.04: Niedersachsen Rundfahrt-Ger 2.3
1a Wolfsburg CLM
Michael Rich (Ger-Gst)
1b Wolfsburg – Goslar
Thorsten Wilhems (Ger-Coa)
2 Goslar - Osterode
Ronny Scholz (Ger-Gst)
3 Osterode – Göttingen
Saulius Ruskys (Ltu-Mar)
4 Göttingen - Bückeburg
Tomas Konecny (Cze-Zvz)
5 Bückeburg – Peine
Olaf Pollack (Ger-Gst)

FINAL CLASSIFICATION
1 Nicolas Jalabert (Fra-Csc)
2 Tomas Konecny (Cze-Zvz)
3 Niels Scheuneman (Ned-Rb3)

24.04: Veenendaal-Veenendaal-Ned 207 km 1.2
Leon van Bon (Ned-Lot)

01-03.04: Drie Daagse van de Panne -Koksijde-Bel 2.2
1 Middelkerke-Zottegem
Gianluca Bortolami (Ita-Vin)
2 Zottegem-Koksijde
Fabio Baldato (Ita-Als)
3 De Panne-De Panne
Steven de Jongh (Ned-Rab)
4 De Panne-Koksijde-De Panne CLM
Raivis Belohvosciks (Lat-Mar)

FINAL CLASSIFICATION
1 Raivis Belohvosciks (Lat-Mar)
2 Gianluca Bortolami (Ita-Vin)
3 Peter van Petegem (Bel-Lot)

04.04: Route Adélie-Fra-185 km 1.3
Sébastien Joly (Fra-Del)

05.04: G.P. Miguel Indurain-Spa-186 km 1.2
Matthias Kessler (Ger-Tel)

24-27.04: Giro del Trentino-Ita 2.2
1 Arco – Moena
Stefano Garzelli (Ita-Vin)
2 Moena - Ronzone
Gilberto Simoni (Ita-Sae)
3 Fondo - Levico Terme
Elio Aggiano (Ita-Fpf)
4 Caldonazzo – Arco
Michele Gobbi (Ita-Dnc)

FINAL CLASSIFICATION
1 Gilberto Simoni (Ita-Sae)
2 Stefano Garzelli (Ita-Vin)
3 Tadej Valjavec (Slo-Fas)

24-27.04: GP Internacional Mitsubishi / MR Cortez-Por 2.3
1 Colares - Sintra (Palácio da Pena)
Francisco Perez Sanchez (Spa-Mil)
2 Circuito MR Cortez
Rui Sousa Barbosa (Por-Mil)
3 MR Cortez – Nafarros
Angel Edo Alsina (Spa-Mil)
4 MR Cortez – Cacém
Angel Edo Alsina (Spa-Mil)

FINAL CLASSIFICATION
1 Francisco Perez Sanchez (Spa-Mil)
2 Angel Edo Alsina (Spa-Mil)
3 Joan Horrach Rippoll (Spa-Mil)

25-27.04: Vuelta Ciclista a la Rioja 2.3
1 Autol – Calahorra
David Herrero Llorente (Spa-Eus)
2 Albelda de Iregua - Est.Valdezcaray
Felix R.Cardenas Ravalo (Col-Orb)
3 Logroño CLM
Jan Hruska (Cze-One)

FINAL CLASSIFICATION
1 Felix R.Cardenas Ravalo (Col-Orb)
2 Francisco Mancebo (Spa-Ban)
3 José M.Maestre (Spa-Crf)

26.04: Omloop Wase Schelde-Bazel-Kruibeke-Bel-198,6 km 1.3
Chris Peers (Bel-Cof)

01.05: Rund um den Henninger Turm-Frankfurt-Ger-208,3 km 1.1
Davide Rebellin (Ita-Gst)

01.05: Giro dell'Appennino-Ita 199,6 km 1.2
Gilberto Simoni (Ita-Sae)

03.05: GP Industria & Artigianato-Larciano-Ita-200 km 1.2
Juan Fuentes Angullo (Spa-Sae)

03.05: GP S.A.T.S.- Midtbank-Den-195 km 1.3
Frank Hoj (Den-Fak)

04.05: GP Aarhus/CSC Classic-Den-196 km 1.2
Jakob Piil Storm (Den-CSC)

01.05: Prix de la Ville Cotterets-Fra-193 km 1.3
Julian Winn (GBr-Fak)

04.05: Rund um den Flughafen Köln-Bonn-Ger-200 km 1.3
Steffen Wesemann (Ger-Tel)

04.05: Giro di Toscana-Ita-196 km 1.3
Rinaldo Nocentini (Ita-Fpf)

04.05: GP Krka-Slo-162 km 1.3
Dean Podgornik (Slo-Per)

07-11.05: 4 Jours de Dunkerque-Fra- 2.1
1 Dunkerque - Roost Warendin
Frédéric Finot (Fra-Del)
2 Sin le Noble - Bapaume
Lars Michaelsen (Den-Csc)
3 Arras – Arques
Jaan Kirsipuu (Est-A2r)
4 Wimereux - Boulogne sur Mer
Christophe Moreau (Fra-C.A)
5 Gravelines CLM
Christophe Moreau (Fra-C.A)
6 Gravelines – Dunkerque
Jean-Patrick Nazon (Fra-Del)

FINAL CLASSIFICATION
1 Christophe Moreau (Fra-C.A)
2 Didier Rous (Fra-Blb)
3 Laurent Brochard (Fra-A2r)

09-17.05: Course de la Paix/Peace Race-Cze- 2.2
1 Rund um Olomouc (Cze)
Danilo Hondo (Ger-Tel)
2 Unicov - Opava
Danilo Hondo (Ger-Tel)
3 Krnow - Polanica Zdroj
Steffen Wesemann (Ger-Tel)
4 Klodzko - Walbrzych
Ondrej Sosenka (Cze-Ccc)
5 Javore - Zielona Gora
Thomas Bruun Eriksen (Den-Csc)
6 Sulechow - Frankfurt (Oder)
Andrea Moletta (Ita-Mer)
7 Lübben - Naumburg (Ger)
Bartosz Huzarski (Pol-Mro)
8 Freyburg - Klingenthal (Ger)
Tomas Konecny (Cze-Zvz)
9 Bad Elster - Erfurt (Ger)
Enrico Degano (Ita-Mer)

FINAL CLASSIFICATION
1 Steffen Wesemann (Ger-Tel)
2 Ondrej Sosenka (Cze-Ccc)
3 Tomas Konecny (Cze-Zvz)

10-11.05: Classica de Alcobendas 2.3
1 Alcobendas - Collado Villalba
Alexandre Usov (Blr-Pho)
2 Collado Villalba-alto de Navacerrada
José A.Garrido Lima (Spa-Alm)
3 Circuito de Alcobendas CLM
Joseba Beloki Dorronsoro (Spa-One)

FINAL CLASSIFICATION
1 Joseba Beloki (Spa-One)
2 Juan C.Dominguez (Spa-Pho)
3 Santiago Botero Echeverry (Col-Tel)

13-17.05: Vuelta Ciclista Asturias-Spa 2.2
1 Oviedo - Llanes
José M. Maestre Rodriguez (Spa-Crf)
2 Llanes – Gijón
Gian Matteo Fagnini (Ita-Tel)
3 Gijón – Avilés
Ricardo Valdés Prieto (Spa-Alm)
4 Pravia - Alto del Acebo
Fabian Jeker (Swi-Mil)
5 Cangas del Narcea - Oviedo
Angel Edo Alsina (Spa-Mil)

FINAL CLASSIFICATION
1 Fabian Jeker (Swi-Mil)
2 Juan M.Mercado Martin (Spa-Ban)
3 Hernan Buenahora (Col-Orb)

16-18.05: Tour de Picardie-Fra 2.2
1 Beauvais – Cayeux-sur-Mer
Aurélien Clerc (Swi-Qsd)
2 Amiens – Laon
Jeremy Hunt (GBr-Okt)
3 Laon – Nogent-sur-Oise
Stefan van Dijk (Ned-Lot)
4 Nogent-sur-Oise – Creil CLM
Juan C.Dominguez (Spa-Pho)

FINAL CLASSIFICATION
1 David Millar (GBr-Cof)
2 Juan C.Dominguez (Spa-Pho)
3 Bradley McGee (Aus-FdJ)

18.05: Schynberg-Rundfahrt-Swi-180 km 1.3
Renzo Mazzoleni (Ita-Mkv)

18.05: Subida al Naranco-Spa-162 km 1.3
Leonardo Piepoli (Ita-Ban)

20-24.05: Vuelta a Castilla Leon-Spa 2.3
1 San Andrés del Rabanedo-Valladolid
Thor Hushovd (Nor-C.A)
2 Venta de Baños-Venta de Baños CLM equipie iBanesto.com
3 Lerma - Almazán
Miguel A.Martín Perdiguero (Spa-Dve)
4 El Burgo de Osma -Granja de San Ildefonso
Félix R Cárdenas Ravalo (Col-Orb)
5 Ávila – Ávila
Laurent Brochard (Fra-A2r)
Thor Hushovd (Nor-C.A)

FINAL CLASSIFICATION
1 Francisco Mancebo (Spa-Ban)
2 Denis Menchov (Rus-Ban)
3 Alex Zülle (Swi-Pho)

21-25.05: Tour de Belgique-Bel 2.3
1 Oostende – Oostende
Tom Steels (Bel-Lan)
2 Oostende - Knokke-Heist
Jans Koerts (Ned-Bct)
3 Knokke-Heist – Haecht
Tom Boonen (Bel-Qsd)
4 Mechelen – Mechelen
Fabian Cancellara (Swi-Fas)
5 Mechelen - Liège/Ans
Dave Bruylandts (Bel-Mar)

FINAL CLASSIFICATION
1 Michael Rogers (Aus-Qsd)
2 Bart Voskamp (Ned-Bct)
3 Robert Bartko (Ger-Rab)

21-25.05: Inter. Bayern Rundfahrt-Ger 2.3
1 Grassau - Reit im Winkl
Thomas Liese (Ger-"Bdr")
2 Reit im Winkl - Ind. Time Trial
Michael Rich (Ger-Gst)
3 Siegsdorf - Plattling
Massimo Strazzer (Ita-Pho)
4 Plattling - Grafenau
Erik Zabel (Ger-Tel)
5 Grafenau – Freystadt
Laurent Lefèvre (Fra-Del)
6 Freystadt - Höchstadt a.d.Aisch
Johan Coenen (Bel-Mar)

FINAL CLASSIFICATION
1 Michael Rich (Ger-Gst)
2 Patrik Sinkewitz (Ger-Qsd)
3 Thomas Liese (Ger-"Bdr")

23.05: Baltic Open-Tallinn GP-Est-180 km 1.3
Arnaud Coyot (Fra-Cof)

24.05: Tartu Tänavasóit-Est-188 km 1.3
Jaan Kirsipuu (Est-A2r)

28.05-01.06: Volta ao Alentejo-Por 2.3
1° Eddy Seigneur (Fra-Del)
1° Andrei Zintchenko (Rus-Lap)
1° Jean-Patrick Nazon (Fra-Del)
1° Vitor M.Gamito (Por-Cmm)
1° Eddy Seigneur (Fra-Del)
1° Jean-Patrick Nazon (Fra-Del)

FINAL CLASSIFICATION
1 Andrei Zintchenko (Rus-Lap)
2 Paolo De Moura Ferreira (Por-Cmm)
3 Hugo Sabido (Por-Bar)

29.05-01.06: Tour de Luxembourg-Lux 2.2
1 Luxembourg – Luxembourg
Thomas Voeckler (Fra-Blb)
2 Wasserbillig – Leudelange
Nicola Loda (Ita-Fas)
3 Mersch – Echternach
Thomas Voeckler (Fra-Blb)
4 Bettembourg - BettembourgCLM
Robert Bartko (Ger-Rab)
5 Wiltz – Diekirch
Serguei Ivanov (Rus-Fas)

FINAL CLASSIFICATION
1 Thomas Voeckler (Fra-Blb)
2 Piotr Wadecki (Pol-Qsd)
3 David Canada Gracia (Spa-Qsd)

31.05: Rund um die Hainleite-Erfurt-Ger-188,7 km 1.3
Enrico Poitschke (Ger-Wie)

31.05: A Travers le Morbihan-Fra-179 km 1.3
Nicolas Vogondy (Fra-FdJ)

01.06: Tro-Bro Léon-Fra-188 km 1.3
Samuel Dumoulin Fra-Del)

03.06: Wachovia Cycling series-Lancaster-Usa-146,4 km 1.3
Jakob Piil Storm (Den-Csc)

03-09.06: Deutschland Tour-Ger 2.2
1 Dresden – Altenbourg
Erik Zabel (Ger-Tel)
2 Altenbourg – Kronach
Gerben Löwik (Ned-Bct)
3 Coburg – Ansbach
Leon van Bon (Ned-Lot)
4 Ansbach - Bad Wurzach
Ivan Quaranta (Ita-Sae)
5 Ravensburg – Feldberg
José Azevedo (Por-One)
6 Bretten-Bretten CLM
Michael Rogers (Aus-Qsd)
7 Bad Dürkheim – Saarbrücken
Olaf Pollack (Ger-Gst)

FINAL CLASSIFICATION
1 Michael Rogers (Aus-Qsd)
2 José Azevedo (Por-One)
3 Alexandre Vinokourov (Kaz-Tel)

04-08.06: Bicicleta Vasca-Spa 2.1
1 Eibar – Ispaster
David Etxebarria Alkorta (Spa-Eus)
2 Ispaster – Aizarnazabal
José A.Pecharroman (Spa-Alm)
3 Aizarnazabal - Santuario de Oro
José A.Pecharroman (Spa-Alm)
4a Murgia - Itziar-Deba
Francesco Casagrande (Ita-Lam)
4b Deba – Daba CLM
José A.Pecharroman(Spa-Alm)
5 ETB (lurreta) - Alto de Arrate (Eibar)
Joseba Beloki Dorronsoro (Spa-One)

FINAL CLASSIFICATION
1 José A.Pecharroman(Spa-Alm)
2 Joseba Beloki (Spa-One)
3 Francesco Casagrande (Ita-Lam)

05.06: Wachovia Cycling series - Trenton-Usa-146,5 km 1.3
Julian Dean (NZl-Csc)

07.06: Classique des Alpes-Fra 174 km 1.1
Francisco Mancebo Perez (Spa-Ban)

08.06: Wachovia USPro Championship-Usa-250 km 1.3
Stefano Zanini (Ita-Sae)

09-15.06: Osterreich Rundfahrt-Aut 2.3
1 Salzburg - Salzburg
Steffen Radochla (Ger-Tbi)
2 Salzburg - Bad Hofgastein
Gerrit Glomser (Aut-Sae)
3 Bad Hofgastein - Kitzbüheler Horn
Gerrit Glomser (Aut-Sae)
4 Kitzbühel - St. Jakob im Defereggental
Nico Sijmens (Bel-Vla)
5 Lienz – Klopeinersee
Matteo Carrera (Ita-Dnc)
6 Klopeinersee – Graz
Nico Sijmens (Bel-Vla)
7 Wien criterium Ringstraße
Tom Steels (Bel-Lan)

FINAL CLASSIFICATION
1 Gerrit Glomser (Aut-Sae)
2 Jure Golcer (Slo-Vol)
3 Hans Peter Obwaller (Aut-Arb)

15.06: GP Gippingen-Swi-196 km 1.1
Martin Elminger (Swi-Pho)

17-22.06: GP Cycliste de Beauce-Can 2.3
1 Lévis – Québec CLM
John Lieswyn (Usa-7Up)
2 Lévis - Lévis
Oleg Grishkine (Rus-Nvr)
3 Lac-Etchemin - Lac-Etchemin
Gordon Fraser (Can-Hnc)
4 Saint-Georges - Mont Mégantic
Tomas Konecny (Cze-Zvz)
5a Saint-Jean-de-la-Lande CLM
Christopher Baldwin (Usa-Nvr)
5b Criterium
Vassily Davidenko (Rus-Nvr)
6 Saint-Georges – Saint-Georges
Lubor Tesar (Cze-Zvz)

FINAL CLASSIFICATION
1 John Lieswyn (Usa-7Up)
2 Christopher Baldwin (Usa-Nvr)
3 Thomas Konecny (Cze-Zvz)

21-24.06: Route du Sud-Fra- 2.3
1 Blaye les Mines Cap'Decouverte–Castres
Janek Tombak (Est-Cof)
2 Castres - Saint Gaudens
Ludovic Turpin (Fra-A2r)
3 Saint Gaudens – Montrejeau CLM
Michael Rogers (Aus-Qsd)
4 Montrejeau – Barouse
David Moncoutié (Fra-Cof)

FINAL CLASSIFICATION
1 Michael Rogers (Aus-Qsd)
2 Pietro Caucchioli (Ita-Als)
3 Nicolas Vogondy (Fra-FdJ)

02-06.07: Course de la Solidarité Olympique-Pol 2.3
1 Rybnik – Rybnik
Mauro Zinetti (Ita-Amo)
2 Czerwionka-Leszczyny-Jastrzebie Zdrój
Eric Baumann (Ger-Wie)
3 Pszczyna - Bielsko-Biala
Tomasz Brozyna (Pol-Ccc)
4 Rabka Zdrój – Jaslo
Michel Van Haecke (Bel-Pal)
5 Debica – Mielec CLM
Bert Roesems (Bel-Pal)
6 Sandomierz – Kielce
Marek Wesoly (Pol-Amo)
7 Konskie – Lódz
Roberto Lochowski (Ger-Wie)

FINAL CLASSIFICATION
1 Oleg Joukov (Rus-*El.2)
2 Slawomir Kohut (Pol-Ccc)
3 Oleksandr Klymenko (Ukr-Mro)

05.07: Criter. d'Abruzzo-Ita-183,6 km 1.3
Matteo Carrara (Ita-Dnc)

06.07: Trofeo Matteotti-Ita-188,5 km 1.2
Filippo Pozzato (Ita-Fas)

06.07: Tour du Doubs-Fra-197 km 1.3
Bert de Waele (Bel-Lan)

09-12.07: Int. UNIQA Classic-Aut 2.3
1 Traismauer – Traismauer
Pedro Horillo Munoz (Spa-Qsd)
2 Traismaier – Rabenstein

Roger Hammond (GBr-Pal)
3 Rabenstein – Gresten
Bostjan Mervar (Slo-Per)
4 Gresten – Weyer
Maarten den Bakker (Ned-Rab)

FINAL CLASSIFICATION
1 Roger Hammond (GBr-Pal)
2 Gerhard Trampusch (Aut-Gst)
3 Pedro Horillo Munoz (Spa-Qsd)

09-12.07: Ytong Bohemia Tour-Cze 2.3
prologo Praha
Richard Faltus (Cze-Asp)
1 Beroun – Beroun
Richard Faltus (Cze-Asp)
2 Beroun – Beroun
Slawomir Kohut (Pol-Ccc)
3 Beroun – Krivoklat
Zbigniew Piatek (Pol-Mro)

FINAL CLASSIFICATION
1 Zbigniew Piatek (Pol-Mro)
2 Ralf Grabsch (Ger-Wie)
3 Petter Renäng (Swe-Tbs)

09-13.07: GP Joaquim Agostinho/GP Torres Vedras-Por 2.3
1 Ramalhal – Lourinha
Lander Euba Ziarrusta (Spa-Eus)
2 P.Areia Branca – Azambuja
Joan Horrach Rippoll (Spa-Mil)
3 S. M.Agraço - Alto Montejunto
Fabian Jeker (Swi-Mil)
4a Liabao (Marvilla) - Ribemar
Alejandro Valverde (Spa-Kel)
4b Brejenjas – Silveira CLM
Fabian Jeker (Swi-Mil)
5 Circuito Torres Vedras
Alejandro Valverde (Spa-Kel)

FINAL CLASSIFICATION
1 Fabian Jeker (Swi-Mil)
2 Lander Euba Ziarrusta (Spa-Eus)
3 Alejandro Valverde (Spa-Kel)

19.07: GP Citta Rio Saliceto-Corregio-Ita-174 km 1.3
Fabien Wegmann (Ger-Gst)

20.07: GP Nobili Rubinetterie-Borgomanero-Ita-158,8 km 1.3
Andrea Ferrigato (Ita-Als)

23-27.07: Sachsen-Tour Inter.-Ger 2.3
prologue Dresden
Roberto Lochowski (Ger-Wie)
1 Dresden – Crimmitschau
Daniele Contrini (Ita-Gst)
2 Werdau – Chemnitz
Fabian Wegmann (Ger-Gst)
3 Chemnitz – Leipzig
Oscar Camenzind (Swi-Pho)
4 Leipzig – Meißen
Jans Koerts (Ned-Bct)
5 Dresden – Dresden
Steffen Wesemann (Ger-Tel)

FINAL CLASSIFICATION
1 Fabian Wegmann (Ger-Gst)
2 Frank Hoj (Den-Fak)
3 Daniel Schnider (Swi-Pho)

25.07: GP Villafranca de Ordizia - Spa-165 km 1.2
Alejandro Valverde (Spa-Kel)

25-27.07: Brixia Tour-Ita 2.3
1 Bassano Bresciano-Manerbio
Ivan Quaranta (Ita-Sae)
2 Darfo Boario Terme-Saviore Adamello
Martin Derganc (Slo-Dve)
3 Molinetto di Mazzano-Concesio
Ruslan Ivanov (Mda-Als)

FINAL CLASSIFICATION
1 Martin Derganc (Slo-Dve)
2 Francesco Casagrande (Ita-Lam)
3 Mirko Celestino (Ita-Sae)

31.07: Circuito de Getxo/Mem. Ricardo Ochoa-Spa-185,4 km 1.3
Roberto Lozano Montero (Spa-Kel)

28.07-01.08: Tour de la Région Wallone-Bel 2.3
1° Nico Eeckhout (Bel-Lot)
1° Stéphane Berges (Fra-A2r)
1° Michele Bartoli (Ita-Fas)
1° Julian Dean (NZl-Csc)
1° Julian Dean (NZl-Csc)

FINAL CLASSIFICATION
1 Julian Dean (NZl-Csc)
2 Michele Bartoli (Ita-Fas)
3 Yaroslav Popovych (Ukr-Lan)

02.08: Karlsruher GP-Duo-Time Trial-72,6 km-Ger 1.2
1a Gerolsteiner
Sebastian Lang (Ger)
Michael Rich (Ger)

03.07: Polynormande-Fra-161 km 1.3
Jérôme Pineau (Fra-Blb)

06-10.08: Regio Tour Inter.-Ger 2.3
1 Heitersheim - Guebwiller/Elsass
Cristian Moreni (Ita-Als)
2a Liel – Müllheim
Marco Zanotti (Ita-Fas)
2b Müllheim CLM
Ronny Scholz (Ger-Gst)
3 Herbolzheim – Lahr
Nicola Gavazzi (Ita-Sae)
4 Wehr – Neuenburg
Vladimir Duma (Ukr-Lan)
5 Emmendingen-Vogtsburg/Kaiserstuhl
Ruben Plaza Molina (Spa-Ban)

FINAL CLASSIFICATION
1 Volodymir Gustov (Ukr-Fas)
2 Ronny Scholz (Ger-Gst)
3 Cristian Moreni (Ita-Als)

06-17.08: Volta a Portugal-Por 2.2
1 Albufeira - Tavira
Candido Barbosa (Por-Lap)
2 Loulé – Beja
Alberto Guerreiro (Spa-Ant)
3 Campo Maior - Castelo Branco
Victoriano Fernandez (Spa-Asc)
4 Castelo Branco – Coimbra
Candido Barbosa (Por-Lap)
5 Figueira da Foz – Torre
Nuno Ribeiro (Por-Lap)
6 Covilhã – Gouveia
Victor M.Gamito (Por-Cmm)
7 Gouveia - São João da Madeira
Candido Barbosa (Por-Lap)
8 Santa Maria da Feira – Fafe
Candido Barbosa
9 Fafe - Alto da Senhora da Graça
Pedro Arreitunandia (Spa-Cab)
10 Mondim de Basto – Favaios
Angel Edo (Spa-Mil)
11 Viseu – Viseu CLM
Claus Michael Möller (Den-Mil)

FINAL CLASSIFICATION
1 Nuno Ribeiro (Por-Lap)
2 Claus Michael Möller (Den-Mil)
3 Rui Lavarinhas (Por-Mil)

10.08: Subida a Urkiola-Spa-160,5 km 1.3
Leonardo Piepoli (Ita-Ban)

10.08: Giro Bochum-Ger-177,6 km 1.3
Rolf Aldag (Ger-Tel)

11-15.08: Vuelta Ciclista a Burgos-Spa 2.1
1 Burgos - Miranda de Ebro
Carlos García Quesada (Spa-Kel)
2 Briviesca – Altotero
José V. Garcia Acosta (Spa-Ban)
3 Huerta del Rey - Lagunas de Neila
Dave Bruylandts (Bel-Mar)
4 Medina de Pomar-Medina de Pomar
David Millar (GBr-Cof)
5 Aranda de Duero - Burgos
Gorka Gonzalez Larranaga (Spa-Eus)

FINAL CLASSIFICATION
1 Pablo Lastras Garcia (Spa-Ban)
2 Oscar Pereiro Sio (Spa-Pho)
3 Carlos García Quesada (Spa-Kel)

12-15.08: Tour de L'Ain - Fra 2.3
1 Lagnieu - St. Vulbas/Plaine de L`Ain
Jérôme Pineau (Fra-Blb)
2 Bourg en Bresse-Ceyzeriat/La Valliere
Maryan Hary (Fra-Blb)

3 Saint Genis Pouilly-Lelex/Monts Jura
Ludovic Turpin (Fra-A2r)
4 Bellegarde sur Valserine – Culoz
Max van Heeswijk (Ned-Usp)

FINAL CLASSIFICATION
1 Axel Merckx (Bel-Lot)
2 Samuel Dumoulin (Fra-Del)
3 Jérôme Pineau (Fra-Blb)

12-16.08: Post Danmark Rundt-Den 2.2
1 Skagen – Aalborg
Mark Scanlon (Irl-A2r)
2 Hobro – Århus
Yuri Mitlushenko (Ukr-Lan)
3 Hammel - Kolding
Johan Museeuw (Bel-Qsd)
4 Middelfart – Fåborg
Jans Koerts (Ned-Bct)
5 Svendborg CLM
Tomas Vaitkus (Ltu-Lan)
6 Korsør - Frederiksberg
Jaan Kirsipuu (Est-A2r)

FINAL CLASSIFICATION
1 Sebastian Lang (Ger-Gst)
2 Jurgen Van Goolen (Bel-Qsd)
3 Laurent Brochard (Fra-A2r)

13.08: 2 Giorni Marchigiana 1.3
GP Fred Mengoni-Ita-183,7 km
Alessio Galletti (Ita-Sae)
Tr.Citta di Castelfidardo-Ita-193 km
Michele Gobbi (Ita-Dnc)

16.08: Memorial Henryka Lasaka-Pol-195,3 km 1.3
Cezary Zamana (Pol-Anm)

17.08: Dwars door Gendringen-Ned -197,4 km 1.3
Alessandro Petacchi (Ita-Fas)

19.08: GP Stad Zottegem-Dr. Tistaert Prijs-Bel-183 km 1.3
Geert Omloop (Bel-Pal)

19-22.08: Tour de Limousin-Fra 2.3
1 Limoges - Saint-Junien
Didier Rous (Fra-Blb)
2 Saint-Junien – Guéret
Cédric Vasseur (Fra-Cof)
3 Aubusson - Vassivière-en-Limousin
Nicolas Vogondy (Fra-FdJ)
4 Brive - Limoges
Bernhard Eisel (Aut-FdJ)

FINAL CLASSIFICATION
1 Massimiliano Lelli (Ita-Cof)
2 Laurent Lefèvre (Fra-Del)
3 Thor Hushovd (Nor-C.A)

19.08: Tre Valli Varese-Ita-193,2 km 1.1
Danilo Di Luca (Ita-Sae)

19-23.08: Ronde van Nederland (Eneco Tour)-Ned 2.1
1 Middelburg – Rotterdam
Alessandro Petacchi
2 Apeldoorn – Nijkerk
Alessandro Petacchi
3 Coevorden - Denekamp
Erik Zabel (Ger-Tel)
4 Nordhorn (Ger) – Denekamp
Viatcheslav Ekimov (Rus-Usp)
5 Kleve (Ger) - Sittard Geleen
Rik Reinerink (Ned-Bct)
6 Sittard Geleen - Landgraaf
Bradley McGee (Aus-FdJ)

FINAL CLASSIFICATION
1 Viatcheslav Ekimov (Rus-Usp)
2 Bradley McGee (Aus-FdJ)
3 Serhiy Honchar (Ukr-Dnc)

20.08: Coppa Agostoni-Ita-199,5 km 1.2
Francesco Casagrande (Ita-Lam)

21.08: Coppa Bernocchi-Ita-199,7 km 1.3
Sergio Barbero (Ita-Lam)

22.08: Groningen-Münster-Ned-205,9 km 1.3
Robert Förster (Ger-Gst)

23.08: Giro del Veneto-Ita-199 km 1.1
Cristian Moreni (Ita-Als)

24.08: Clasica a los Puertos Guadarrama-Spa-146 km 1.3
Denis Menchov (Rus-Ban)

24-31.08: Clasico RCN-Col 2.3
1 Medellín - Carmen de Viboral
Marlon Pérez Arango (Col-Orb)
2 Sabaneta – Manizales
Javier González Barrera (Col-Orb)
3 Pereira – Cali
John Fredy Parra Celada (Col-*El.2)
4 Buga – Ibague
José Rujano Guillén (Ven-Clm)
5 Ibague – Mosquera
Néstor Bernal (Col-*El.2)
6 Chia - Villa de Leyva
Javier Zapata Villada (Col-Orb)
7 Villa de Leyva – Tunja
José Castelblanco Romero (Col-Clm)
8 Tunja - Alto de Patios
Félix Cárdenas Ravelo (Col-Orb)

FINAL CLASSIFICATION
1 José Castelblanco (Col-Clm)
2 Alvaro Sierra Peña (Col-*El.2)
3 Jairo Hernández Montoya (Col-Orb)

26.08: Druivenkoers-Overijse-Bel -197,8 km 1.3
Matthé Pronk (Ned-Bct)

26-29.08: Tour du Poitou-Charantes-Fra 2.3
1 Pons-La Couronne
Yuri Mitlushenko (Ukr-Lan)
2 Ruffec – Bressuire
Robert Sassone (Fra-Cof)
3 Bressuire – Loudun
Jaan Kirsipuu (Est-A2r)
4 Monts-sur-Guesnes
Jens Voigt (Ger-C.A)

5 Monts-sur-Guesnes
Karsten Kroon (Ned-Rab)

FINAL CLASSIFICATION
1 Jens Voigt (Ger-C.A)
2 Sylvain Chavanel (Fra-Blb)
3 Jörgen Bo Petersen (Den-Fak)

27-31.08: Tour de Slovakia-Svk 2.3
1 Zilina – Zilina
Matej Jurco (Svk-*El.2)
2 Zilina – Hronom
Cezary Zamana (Pol-Anm)
3 Banská S˘tiavnica - S˘trbské Pleso
Sebastian Skiba (Pol-Leg)
4 Eurocamp FICC-Tatransk-Lomnica
Ondrej Sosenka (Cze-Ccc)
5 Starém Smokovci CLM
Ondrej Sosenka (Cze-Ccc)

FINAL CLASSIFICATION
1 Ondrej Sosenka (Cze-Ccc)
2 Cezary Zamana (Pol-Anm)
3 Dawid Krupa (Pol-Leg)

28.08: Trofeo Melinda-Ita-194 km 1.2
Francesco Casagrande (Ita-Lam)

29-31.08: GP CTT Correiros de Portugal-Por 2.3
1 Viana –Castelo
Nuno Marta (Por-Bar)
2 Espinho – Aveiro
Alberto Benito Guerreiro (Spa-Ant)
3 Aveiro – Figueira Foz
David Blanco Rodriguez (Spa-Ptr)

FINAL CLASSIFICATION
1 Nuno Marta (Por-Bar)
2 David Blanco Rodriguez (Spa-Ptr)
3 Alexei Markov (Rus-Lok)

30.08: Tour Beneden-Maas-Ned-194 km 1.3
Jans Koerts (Ned-Bct)

30.08: Tour del Friuli-Ita-197,5 km 1.3
Joseba Albizu Lizaso (Spa-Mer)

31.08: GP Eddy Merckx-Dual Time Trial-Bel-26 km 1.2
1 Gerolsteiner
Uwe Peschel (Ger)
Michael Rich (Ger)

31.08: Boucles de l'Aulne-GP Le Télégramme-Fra-181,5 km 1.3
Walter Bénéteau (Fra-Blb)

31.08: Rund Um Nürnberger Altstadt-Ger-180 km 1.3
Kai Hundertmarck (Ger-Tel)

02.09: Schaal Sels-Merksem-Bel-193,4 km 1.3
Steven de Jongh (Ned-Rab)

03.09 - 07.09: Internationale Hessen Rundfahrt-Ger 2.3
1 Frankfurt – Griesheim
Cédric Vasseur (Fra-Cof)
2 Darmstadt – Gelnhausen
Lars Michaelsen (Den-Csc)
3 Gelnhausen – Allendorf
Kai Hundertmarck (Ger-Tel)
4 Battenberg – Wetzlar
Sven Teutenberg (Ger-Tbi)
5 Wetzlar – Wiesbaden
Daniele Nardello (Ita-Tel)

FINAL CLASSIFICATION
1 Cédric Vasseur (Fra-Cof)
2 Maryan Hary (Fra-Blb)
3 Axel Merckx (Bel-Lot)

06.09: Coppa Placci-Ita-190 km 1.1
Danilo Di Luca (Ita-Sae)

07.09: Giro di Romagna-Ita-195,9 km 1.2
Fabio Sacchi (Ita-Sae)

06.09: DELTA Profronde van Midden Zeeland-Ned-199 km 1.2
Stefan van Dijk (Ned-Lot)

07.09: G.P. Jef Scherens-Bel-183 km 1.3
Thor Hushovd (Nor-C.A)

08-14.09: Tour de Pologne-Pol- 2.2
1 Gdansk – Gdynia
Simone Cadamuro (Ita-Dnc)
2 Tczew – Olsztyn
Fabio Baldato (Ita-Als)
3 Ostróda – Bydgoszcz
Daniele Bennati (Ita-Dve)
4 Inowroclaw – Kalisz
Sébastien Hinault (Fra-C.A)
5 Olesnica - Szklarska Poreba
Ruggero Marzoli (Ita-Als)
6 Piechowice – Karpacz
Cezary Zamana (Pol-Anm)
7 Jelenia Góra – Karpacz
Hayden Roulston (NZl-Cof)
8 Jelenia Góra – Karpacz CLM
Alberto Contador Velasco (Spa-One)

10.09: GP Van Steenbergen-Bel-199 km 1.2
Nico Eeckhout (Bel-Lot)

10-14.09: Ster Elektrotoer-Ned 2.3
prologue Veldhoven
Thomas Dekker (Ned-Rb3)
1 Eindhoven – Nuth
Eddy Serri (Ita-Mer)
2 Valkenburg a/d Geul-Valkenburg a/d Geul
Thomas Dekker (Ned-Rb3)
3 Valkenburg a/d Geul – Verviers
Luca Solari (Ita-Mer)
4 Sittard/Geleen – Schijndel
Enrico Degano (Ita-Mer)

FINAL CLASSIFICATION
1 Gerben Löwik (Ned-Bct)
2 Niels Scheuneman (Ned-Rb3)
3 Rik Reinerink (Ned-Bct)

13.09: Paris-Bruxelles-Bel-222,5 km 1.2
Kim Kirchen (Lux-Fas)

14.09: GP Fourmies-Fra-200 km 1.1
Baden Cooke (Aus-FdJ)

14.09: T Mobile International (San Francisco)-Usa-173 km 1.3
Chris Horner (Usa-Sat)

17.09: G.P. Wallonie-Bel-200 km 1.2
Dave Bruylandts (Bel-Mar)

17-21-09: Rheinland-Pifalz-Rundfahrt-Ger 2.3
1 Ludwigshafen – Simmern
Robert Förster (Ger-Gst)
2 Koblenz – Bad Marienberg
Daniele Nardello (Ita-Tel)
3 Bitburg – Trier
Kevin van Impe (Bel-Lot)
4 Saarburg - Kaiserslautern
Koos Moerenhout (Ned-Lot)
5 Landau – Ludwigshafen
René Haselbacher (Aut-Gst)

FINAL CLASSIFICATION
1 Daniele Nardello (Ita-Tel)
2 Fabian Wegmann (Ger-Gst)
3 Axel Merckx (Bel-Lot)

19.09: Kampioenschap van Vlaanderen-Bel-km 1.3
Baden Cooke (Aus-FdJ)

21.09: G.P. Isbergues-Fra-200 km 1.2
Jans Koerts (Ned-Bct)

21.09: G. P. des Nations (CLM)-Fra-70 km 1.1
Michael Rich (Ger-Gst)

21.09: GP Industria & Commercio Prato-Ita-200 km 1.2
Davide Rebellin (Ita-Gst)

25.09: Coppa Sabatini-Ita-197,7 km 1.2
Paolo Bossoni (Ita-Vin)

25-28.09:Circuit Franco-Belge-Bel 2.3
1 Mons - Cuesmes - Lessines
Gerben Löwik (Ned-Bct)
2 Estaimpuis - Mouscron
Julian Dean (NZI-Csc)
3 Ghyvelde - Lichtervelde
Robbie McEwen (Aus-Lot)
4 Quiévrain - Tournai
Geert Verheyen (Bel-Mar)

FINAL CLASSIFICATION
1 Gerben Löwik (Ned-Bct)
2 Nico Mattan (Bel-Cof)
3 Dave Bruylandts (Bel-Mar)

26-28.09: Paris - Corrèze - Fra 2.3
1 Jaan Kirsipuu (Est-A2r)
1 Cédric Vasseur (Fra-Cof)
1 Nicolas Fritsch (Fra-FdJ)

FINAL CLASSIFICATION
1 Cédric Vasseur (Fra-Cof)
2 Christophe Rinero (Fra-Okt)
3 Rik Verbrugghe (Bel-Lot)

27.09: Giro dell'Emilia-Ita-196,6 km 1.1
José I.Gutierrez Palacios (Spa-Ban)

28.09: GP Beghelli Milano-Vignola-Ita-200 km 1.2
Luca Paolini (Ita-Qsd)

30.09-03.10: Giro della Provincia di Lucca-Ita 2.3
1 Lucca – Castelvecchio Pascoli
Oscar Freire Gomez (Spa-Rab)
2 Altopascio – Altopascio
Oscar Freire Gomez (Spa-Rab)
3 Pescia – Capannori
Pietro Caucchioli (Ita-Als)
4 Massarosa – Lido di Camaiore
Romans Vainsteins (Lat-Vin)

FINAL CLASSIFICATION
1 Oscar Freire Gomez (Spa-Rab)
2 Pietro Caucchioli (Ita-Als)
3 José I.Gutierrez Palacios (Spa-Ban)

15.10: Milano-Torino-Ita-199 km 1.1
Mirko Celestino (Ita-Sae)

16.10: Giro del Piemonte-Ita-193 km 1.1
Alessandro Bertolini (Ita-Als)

02.10: Paris-Bourges-Fra-192,5 km 1.2
Jens Voigt Ger-C.A)

03.10: LUK Cup-Buhl-Ger-192 km 1.3
Matthias Kessler (Ger-Tel)

05.10: Mem. Manuel Galera-Spa-145 km 1.3
Pedro Díaz Lobato (Spa-Alm)

14.10: Sluitingsprijs Putte-Kapelle-Bel-177 km 1.3
Nick Nuyens (Bel-Qsd)

16-26.10: Herald Sun Tour- Aus 2.3
1 Melbourne - criterium
Michael Sayers (Usa-Hnc)
2 Portarlington - circuit
Hilton Clarke (Aus-Tba)
3 Geelong - circuit
David McKenzie (Aus-Fla)
4 Lorne – Torquay
Jamie Drew (Aus-Fla)
5 Camperdown – Warrnambool
Eric Wohlberg (Can-Sat)
6 Port Fairy - circuit
Kieran Page (GBr-*El.2)
7 Port Fairy - Hamilton
Kristian House (GBr-Stag. Clm)
8 Dunkeld - Horsham
Paul Manning (GBr-*El.2)
9 Horsham - Mt.
William Tim Johnson (Usa-Sat)
10 Hall's Gap - Arara
Dominique Perras (Can-Fla)
11 St.Arnaud - Castlemaine
Scott Moninger (Usa-*El.2)
12 Echuca - circuit
Tim Johnson (Usa-Sat)

13 Ballarat - circuit
Scott Guyton (NZI-Fla)

FINAL CLASSIFICATION
1 Tim Johnson (Usa-Sat)
2 Luke Roberts (Aus-Com) 0.33
3 Scott Guyton (NZI-Fla) 0.34

25.10: Firenze - Pistoia - Ita – CLM 33 km - cat. 1.3
Andrea Peron (Ita-Csc)

26.10: Japan Cup - Jpn - cat. 1.3
Sergio Barbero (Ita-Lam)

→

	ROAD	TIME TRIAL
ITALIA	Paolo Bettini (Qsd)	Giampaolo Mondini (Dve)
SPAIN	Ruben Plaza Molina (Ban)	Iñigo Charreau Bernadez (A2r)
GERMANY	Erik Zabel (Tel)	Michael Rich (Gst)
BELGIUM	Geert Omloop (Pal)	Marc Wauters (Rab)
FRANCE	Didier Rous (Blb)	Eddy Seigneur (Del)
AUSTRALIA	Stuart O'Grady (C.A)	Ben Day (Cab)
U.S.A.	Mark McCormack (Usa-Sat)	Chris Baldwin (Nvr)
SWITZERLAND	Daniel Schnider (Pho)	NOT in 2003 -
NETHERLANDS	Rudie Kemna (Ned-Bct)	Maarten den Bakker (Rab)
DENMARK	Nicki Sorensen (Csc)	Michael Blaudzun (Csc)
AUSTRIA	Georg Totschnig (Gst)	Andrews Bradley (*El.2)
RUSSIA	Alexandre Bajenov (*El.2)	Vladimir Goussev (*El.2)
KAZAKHSTAN	Pavel Nevdakh (*El.2)	Dmitriy Muravyev (Qdl)
COLOMBIA	Elder Herrera Cortes (Orb)	Hébert Gutierrez Garcia (*El.2)
PORTUGAL	Pedro Miranda Soeiro (Cab)	Joaquim Andrade (Prt)
UKRAINE	Serhiy Honchar (Dnc)	Sergei Matveyev (Pan)
POLAND	Piotr Przydzial (Ccc)	Tomasz Lisowicz (Mik)
SLOVENIA	Tadej Valjavec (Fassa)	Mitja Mahoric (Per)
CZECH	Republic Lubor Tesar Zvz)	Michal Hrazdíra (Zvz)
LITHUANIA	Vytautas Kaupas (*El.2)	Tomas Vaitkus (Lan)
SWEDEN	Jonas Holmkvist (Tbs)	Magnus Bäckstedt (Fak)
NORWAY	Gabriel Rasch (Rin)	Steffen Kjærgaard (Usp)
GREAT BRITAIN	Roger Hammond (Pal)	Stuart Dangerfield (*El.2)
ESTONIA	Janek Tombak (Cof)	Jaan Kirsipuu (A2r)
SOUTH AFRICA	David George (Tba).	Jeremy Maartens (Hsb)
LATVIA	Andris Nauduzs (Ccc)	Raivis Belohvosˇciks (Mar)
HUNGARY	Gábor Arany (*El.2)	Laszlo Bodrogi (Qsd)
LUXEMBOURG	Benoit Joachim (Usp)	Christian Poos (Mar)
MEXICO	Antonio Aldape Chavez (*El.2)	Eduardo Graciano Sánchez (*El.2)
NEW ZEALAND	Heath Blackgrove (*El.2)	Gordon McCauley (Sci)
CANADA	Dominique Perras (Can-Fla)	Eric Wohlberg (Sat)
VENEZUELA	Tonny Linarez (*El.2)	José Chacón (*El.2)
CROATIA	Radoslav Rogina (Per)	Radoslav Rogina (Per)
ARGENTINA	Javier Gómez (*El.2)	Guillermo Brunetta (*El.2)
BRAZIL	Junior Quadri (*El.2)	Luiz Carlos Amorim F.Tava (*El.2)
BELARUS	Yauheni Sobal (*El.2)	Yauheni Sobal (*El.2)
SLOVAKIA	Martin Risˇka (*El.2)	Robert Nagy (*El.2)
JAPAN	Shinichi Fukushima (Bgt)	
BULGARIA	Daniel Petrov (*El.2)	Ivaïlo Gabrovski (Okt)
YUGOSLAVIA	Ivan Stevic (*El.2)	Mikos Rnjakovic (*El.2)
IRELAND	Mark Scanlon (A2r)	David O'Loughlin (Ofo)
UZBEKISTAN	Sergeï Krushevskiy (Okt)	Sergeï Krushevskiy (Okt)
KIRGHIZISTAN	Eugen Wacker (Tvs)	Eugen Wacker (Tvs)
FINLAND	Jussi Veikkanen (Mal)	Matti Helminen (*El.2)
GREECE	Panagiotis Marentakis (*El.2)	Yiannis Tamouridis (*El.2)
COSTA RICA	Marconi Durán (*El.2)	
BURKINA FASO	Saidou Rouamba (*El.2)	
MONGOLIA	Jamsran Ulzii-Orshikh (Mpc)	Jamsran Ulzii-Orshikh (Mpc)
ISRAEL	Dor Dviri (*El.2)	Danny Helstoch (*El.2)
CHILI	Gonzalo Garrido (*El.2)	Marcos Arriagada (*El.2)
PERU	Percy Osco (*El.2)	Patricio Melèndez (*El.2)
CHINA	Guozong Wang (*El.2)	
BELIZE	Ariel Rosado (*El.2)	

Erik Zabel

Serhiy Honchar

Paolo Bettini

Stuart O'Grady

Daniel Schnider

Georg Totschnig